Franz Rittweger

Frankfurt am Main seit 1792

Franz Rittweger

Frankfurt am Main seit 1792

ISBN/EAN: 9783743308954

Hergestellt in Europa, USA, Kanada, Australien, Japan

Cover: Foto ©ninafisch / pixelio.de

Manufactured and distributed by brebook publishing software (www.brebook.com)

Franz Rittweger

Frankfurt am Main seit 1792

Neuere Geschichte
von
Frankfurt am Main
seit 1792.

Von
Franz Rittweger.

I.

Cüstine in Frankfurt
und die Wiedereinnahme der Stadt
durch die Deutschen
1792.

Frankfurt am Main.
Verlag von Heinrich Keller.
1867.

Cüstine in Frankfurt

und die

Wiedereinnahme der Stadt durch die Deutschen.

1792.

Von

Franz Rittweger.

Frankfurt am Main.
Verlag von Heinrich Keller
1867.

Mit der Erstürmung der Bastille in Paris am 14 Juli 1789 nahm die französische Staatsumwälzung mit ihren gewaltigen, ganz Europa erschütternden Folgen ihren Anfang. Die Beschränkung der Freiheit des Königs Ludwig XVI. schien für das gesammte monarchische Europa Gefahren herbeizuführen, denen entgegenzutreten, die meisten Monarchen sich verpflichtet erachteten. Diese Ansicht wurde noch gefördert durch die geflüchteten französischen Prinzen und übrigen emigrirten Großen. Der Reichenbacher Vertrag vom 2. August 1790 führte zwischen dem Kaiser Leopold II. von Oesterreich und dem König Friedrich Wilhelm II. von Preußen eine Verständigung herbei, sich zum Schutze des monarchischen Princips zu vereinigen, welche Ansicht auch die andern deutschen Fürsten theilten und so deutete Alles auf einen Reichskrieg gegen Frankreich hin. Die Conferenz in Pilnitz, der außer den beiden genannten Monarchen auch der Graf von Artois beiwohnte, führte zu einer Erklärung, daß beide Monarchen zur Wiederherstellung der königlichen Gewalt in Frankreich mit ihrer Militärmacht beizutragen entschlossen seien und für diesen Zweck ihre Truppen in Bereitschaft setzen würden. Inzwischen war die neue Constitution Frankreichs am 13. September 1791 von König Ludwig XVI. feierlichst beschworen worden, wodurch ein Manifest des Kaisers Leopold hervorgerufen wurde, in dem erklärt war, daß vor der Hand keine Gefahr für das monarchische Prinzip vorhanden sei. Andrerseits aber schürte der von den französischen Prinzen und andern zahlreich in Koblenz versammelten Emigrirten gegen die Gültigkeit des Schrittes des Königs von Frankreich gerichtete Protest, sowie die Verbindung der Höfe von Rußland und Spanien mit den Emigranten und endlich die Begünstigung der Kriegsrüstung der Letzteren von Seiten des Kurfürsten von Trier das Mißtrauen des französischen Volkes gegen seinen König, wie die Erbitterung gegen die deutschen Monarchen. Schon wurde in der gesetzgebenden Versammlung von den heftigen Demokraten der Krieg mit Deutschland verlangt, dem sich indeß noch ein Theil widersetzte. So hielt am 2. und 11. Januar 1792 Robespierre im Jacobiner-Clubb seine (unter allen seinen Reden vielleicht am sorgfältigsten ausgearbeitete) Vorträge gegen den Revolutionskrieg, deren Grundgedanke in dem Satze gipfelte: „stellt in eurem Vaterlande die Ordnung her, ehe Ihr anderwärts hin die Freiheit bringt." Am 1. März starb Kaiser Leopold, ihm folgte Kaiser Franz II. (am 5. Juli zum deutschen Kaiser erwählt.) Am 21. April wurde der Krieg erklärt. Am 20. Juni erfolgte der erste Sturm auf die Tuillerien, der, hauptsächlich durch die Nachricht von der Einnahme von Courtray durch den Marschall Luckner, der mit der 20,000 Mann starken Nordarmee die belgische Grenze am 18. überschritten hatte, ohne größere Folgen blieb. Am 30. ließ Luckner indeß die Stadt wieder räumen und ging über St. Amand und Valenciennes in's Lager von Famars zurück. Im Juli zog der Herzog von Braunschweig mit 50,000 Mann Preußen an den Rhein und nahm nach der Vereinigung mit den Oesterreichern und den hessischen Hülfstruppen sein Hauptquartier in Koblenz. Von dort erließ er am 25. Juli sein (d. h. von Lemoëlan gefertigtes*) bekanntes Manifest an die Bevölkerung Frankreichs, das durch seine diktatorische Sprache die Wuth des französischen Volkes vollends entflammte und nicht wenig zu dem zweiten Sturm auf die Tuillerien am 10. August beitrug. Unterdessen blieb der Herzog von Braunschweig trotz seines hochtrabenden Manifestes unthätig im Lager bei Trier liegen, und erst auf die Nachricht von dem August-Aufstand rückte das vereinigte preußisch-österreichische Heer mit Zuziehung der emigrirten Franzosen am 19. August in Lothringen ein und konnte, ohne entschiedenen Widerstand zu finden, am 23. August die starke und wohlversehene Festung Longwy und am 2. September die Festung Verdun, diese hauptsächlich durch das Drängen der bestürzten Einwohner und des Gemeindevorstandes zur Uebergabe nöthigen.

Diese glücklichen Erfolge der deutschen Heere blieben im Ganzen

---

*) Schloßer, Geschichte des achtzehnten Jahrhunderts 4. Aufl. Bd. 7. S. 195.

jedoch ohne Vortheil. Durch die Saumseligkeit des Herzogs von Braunschweig hatte Dumouriez Zeit gewonnen Lafayette zu verdrängen, das französische Heer in republikanischem Sinn zu organisiren und durch Besetzung der Päße des Waldes von Argonne in der Champagne, was er schon am 1. September bewerkstelligen konnte, dem deutschen Heere den Weg nach Paris zu verlegen. Der Krieg zog sich in die Länge, die Schreckenstage vom 2.—6. September brachen jeden Wiederstand gegen die republikanische Parthei und am 21. September wurde das Königthum abgeschafft und Frankreich feierlich für eine Republik erklärt. Trotz der bedeutenden Uebermacht der deutschen Truppen, trotz der glänzenden Waffenthaten des österreichischen Generals Clairfait, mußte, nach langen Unterhandlungen mit Dumouriez in denen dieser den Oberbefehlshaber der deutschen Heere hinhielt und überlistete, der Herzog von Braunschweig sein Lager in der Nähe von Valmy am 30. September aufheben und den Rückzug antreten. Krankheit, schlechte Nahrung und Kleidung und übermäßige Strapazen während des Rückzugs richteten das preußische Heer übel zu. Clairfait, von den Preußen getrennt, brach am 13. October nach den Niederlanden auf, um zu dem Herzog von Sachsen-Teschen zu stoßen.

Im Juni 1792 hatte Cüstine den Oberbefehl über die in Eile zusammengeraffte Armee am Unterrhein erhalten und er eröffnete den Feldzug mit der Besitznahme von Speyer am 30. September.

Die Franzosen ließen zu Anfang des Feldzugs folgende gedruckte Adresse verbreiten:

„Adresse der französischen Soldaten an die teutschen Soldaten.

Tapfere Soldaten, Brüder und Kameraden!

Ehe wir Krieg gegen einander führen, wollen wir doch zuerst sehen, warum wir einander bekriegen wollen, und was wir über einander zu klagen haben?

Wir Franzosen haben gar nichts über euch, oder die teutsche Nation zu klagen; und wir glauben, daß ihr, teutsches Volk und teutsche Soldaten, auch nichts über uns zu klagen haben werdet.

Aber folgendes sind die Ursachen, warum man Krieg mit uns anfangen will; sehet einmal selbst ob sie gerecht sind.

Vor Zeiten waren alle unsere Offiziere adelich, sie allein gelangten zu allen oberen Stellen in der Armee, und gelangten schnell dazu, wenn sie gleich oft nicht geschickter als wir waren.

Und wenn ein Feldwebel von ungefähr Lieutenant wurde; so sahen ihn die andern Offiziere immer scheel an, und nannten ihn nur verachtungsweise Glücksoffizier; gewöhnlich stieg er nicht höher. Damit er das St. Ludwigskreuz nicht bekommen konnte, rechnete man ihm zwei Jahre, die er als Soldat gedient hatte, nur für ein Jahr, welches er als Offizier gedient haben mußte um Ludwigsritter zu werden. So mußte er oft über fünfzig Jahr gedient haben, da von einem Obersten nur achtzehn Jahre erfordert wurden, der gemeinlich obendrein nur vier Monate des Jahres bei seinem Regiment zu sein brauchte.

Jetzt aber, nach unserer neuen Landesverfaßung oder Constitution, thut die adeliche Geburt nichts mehr dazu, die guten Sitten, gute Dienste, Geschicklichkeit und eine gute Aufführung allein sind hinlänglich, um zu allen Offizierstellen zu gelangen, und selbst um General zu werden.

Unsere sehr hochgetragenen Offiziere gaben uns Stockschläge und wir durften nichts dagegen sagen. Für die kleinsten Fehler bekamen wir Prügel mit Degen, das alles hat nun aufgehört: und man behandelt uns jetzt als Menschen, und nicht mehr wie Pferde.

Alle hohe, obrigkeitliche, geistliche und andere Aemter waren blos für den Adel. Unsere Verwandten waren also davon ausgeschloßen.

Alldieweil wir unter den Regimentern geplagt, geschlagen und verachtet wurden, mußten unsere Verwandten auf dem Lande ihren ablichen Herrschaften allerlei Abgaben bezahlen, die man Lehnsrechte nannte. Sie mußten ihren Herrschaften das Heu mähen, und sie zur Frohne führen. An einigen Orten mußte man sogar das Wasser in den Gräben um ihre Schlößer schlagen, damit das Quaken der Frösche den Herrn Edelmann nicht am Schlafe hindere, der oft nicht einmal lesen konnte und zu nichts zu gebrauchen war. Man mußte leiden, daß die Tauben der Edelleute unsere Felder verwüsteten, wie es ihnen beliebte, und diese Herren hatten allein das Recht Tauben zu halten. Sie hatten allein das Recht Wildpret zu jagen und zu essen, und wir mußten leiden, daß dieses Wildpret unsere Felder, unsere Gärten, um des Vergnügens der Adelichen willen abweidete. Töbtete ein Bauer ein Feldhühnchen oder Kaninchen, so schmiedete man ihn an die Galeere. Man mußte sich alle Hausvisitationen und Plackereien von den Tabackgarden, Salzgarden, den Beamten, die man Kellerratzen nannte, und von andern solchen Leuten gefallen lassen. Einen Theil unserer Erndte mußten wir unsern Herrschaften und Priestern geben; wir mußten am Straßenbau arbeiten, Briefe tragen, Wagen und Pferde zur Frohne liefern, u. s. w. Und ohngeachtet die Abelichen so begünstiget, und die Bürger so gedrückt waren, so mußten die Bürger doch allein die Auflagen bezahlen, und weder der Adel noch die hohe Geistlichkeit bezahlte daran. Und Verachtung, Verschmähung waren noch obendrein die Belohnung, die wir von ihnen für alle diese Opfer erhielten.

Unsere neue Constitution hat diesem allem ein Ende gemacht sie macht alle Menschen untereinander gleich, unsere ehemaligen Herzoge, Marquis, u. s. w. dürfen keine Wappen mehr führen, und andere Menschen, die ja ihres Gleichen sind, nicht mehr erniedrigen indem sie dieselbe ihre Livree tragen machen; sie sind nicht allein mehr zu Aemtern berechtiget, und müssen ihren Antheil an den Auflagen bezahlen. Das wollen sie nun nicht, und darum haben sie den Kaiser, euern Oberherrn, gebeten ihnen mit seiner ganzen Macht zu Hülfe zu kommen, und sie wieder in ihre vorgebliche Rechte einzusetzen. Aber, tapfere Teutsche, was ist die ganze Macht eures Kaisers? Seine Truppen sind es. — Und was sind diese Truppen? Es sind, wie wir, gute, brave Bürger, welche sich der Unterstützung des öffentlichen Glücks gewidmet haben. Aber sie sind nicht dazu gemacht, daß sie Strapatzen ausstehen, ihr Blut vergießen, und daß ihre Verwandten, die auch Bürger sind, ihr Vermögen dazu hergeben, damit der Kaiser seinen Wunsch erfüllen und den Eigennutz der Abelichen, die Frankreich unterdrückt haben, unterstützen können.

Diese Abelichen eignen sich allein das Verdienst bei den Siegen zu, die doch die Soldaten erfechten, sie allein tragen dafür die Ehre und Belohnung davon. So mögen sie denn auch allein für die Sache streiten, die ihnen so angelegen ist, denn ihr sehet, brave Soldaten, wenn ihr für sie fechtet, so schadet ihr euch selbst, und unterstützet das Lehnsrecht, welches auf euren Verwandten so nachtheilig ist, bei denen die Abelichen eures Landes es auch ewig zu erhalten wünschen, indem sie die Verachtung, mit der sie euch beehren, verewigen.

Also denn, brave teutsche Soldaten, ehe ihr in das Feld ziehet, so laßt es euch doch sagen, warum man will, daß ihr uns bekriegen sollt! Handelt nicht wie zum Würgen bestimmte Despoten, sondern als Menschen, die Verstand haben, und einsehen, was billig ist.

Der Vorwand, den man gegen Frankreich gebraucht, ist die Klage, daß einige teutsche Prinzen elende Lehensrechte in Elsaß und Lothringen verloren haben, welche aber die französische Nation zu bezahlen sich erbietet, weil sie nicht will, daß das Volk noch durch dergleichen Plackereien geplagt werde, und da sie überall abgeschafft sind, so sollen diese Provinzen nicht schlimmer als andere daran seyn.

Dies ist also blos der Vorwand, der wahrlich nicht werth ist, daß ein Mann dafür stirbt, und an welchem der deutschen Nation und Armee gar nichts gelegen sein kann. Aber die wahre Ursache des Krieges ist der Wunsch, dem französischen Abel seine alten tyrannischen Rechte wieder zu verschaffen, damit der deutsche Abel die seinigen auch behalte.

Also, tapfere Tapfere, seht selbst mit den Augen der Vernunft, ob ihr großmüthig eure Ruhe, eure Kräfte, euer Blut dahin geben, und das Blut eurer Brüder und Freunde, der Franzosen, die Bürger sind, wie ihr, vergießen sollt für eine Sache, an der euch gar nichts liegen, die eure Nation nicht glücklich machen kann, und die selbst eurem eigenen und dem Vortheile eurer Verwandten zuwider ist, weil es sehr wahrscheinlich ist, daß, wenn ihr die Waffen nicht gegen uns ergreifet, unsere neue Verfaßung auch in eurem Lande Wurzel faßen wird.

Wiſſet auch, brave Teutsche, daß die französische Nation sich anheischig gemacht hat, keine Länder mehr zu erobern, daß sie also, wenn Krieg geführt wird, und sie in euer Land kömmt, auch keinen Zoll breit Land hinweg nehmen wird, daß man alle Achtung für die Güter der Bürger haben wird, und daß sie so wenig Schaden als möglich verursachen will, weil blos euere Fürsten und der französische Abel sich als unsere Feinde erklären.

Behandelt also unsere Nation auf die nämliche Art, und unterstützt nicht das ungerechte Vorhaben, welches man haben konnte eine unserer Provinzen hinweg zu nehmen."

Ohne auf viel Widerstand zu stoßen nahm Cüstine Worms und bemächtigte sich am 21. October durch Capitulation der schlecht vertheidigten, obschon gut versehenen Festung Mainz,*) und sandte noch an demselben Tage unter Anführung Houchard's, Obristß der reitenden Jäger, einen Theil seiner Truppen nach Frankfurt. Als dieser am andern Morgen vor dem Bockenheimer Thor ankam, und dort mit seinen reitenden Jägern und Nationalgardisten lagerte schickte der Magistrat eine Deputation an denselben, welche sich nach der Ursache seines Erscheinens erkundigte. Er antwortete: „Er warte hier auf Verstärkung und wünsche Speise und Trank, sowie Holz gegen baare Bezahlung," was ihm auch geliefert wurde. Am Nachmittage kam General Victor Neuvinger, der von Oppenheim aus nach Frankfurt beordert war, vor Sachsenhausen an. Auch zu ihm wurde eine Deputation geschickt, welche ihn frug, aus welchem Grunde er das Gebiet der Stadt betreten habe. Er gab vor, er habe von dem General-en-Chef der Franzosen ein Schreiben an den Magistrat zu übergeben. Die Deputation des Magistrats bat ihn um die Abgabe desselben vor den Thoren; er bestand jedoch darauf, seine Ordre auf dem Rathhause persönlich zu überliefern und befahl, als er das Zaudern der Deputation bemerkte seinen Truppen vorwärts zu gehen. Die Deputation fuhr zurück und die Brücke wurde wieder aufgezogen. Neuvinger befahl jetzt die Kanonen vorzurücken. Nun ließ der Magistrat die Brücke aufziehen; die Franzosen (im Ganzen etwa 3000 Mann) zogen mit klingendem Spiel in die Stadt ein, stellten ihre Kanonen auf dem Roßmarkt auf, und quartirten sich bei den Bürgern ein.

Neuvinger übergab noch an demselben Abend den im Rathhause versammelten Magistrat das Schreiben Cüstine's. Dasselbe lautete:

„Im Hauptquartier zu Mainz, den 21. Oktober 1792, im ersten Jahre der französischen Republik.
Räthe des Volks!
Der Vorschub, welchen ihr den drohenden Zurüstungen der französischen Ausgewanderten in euern Ringmauern angedeihen ließet, beweist nur allzuklar, daß ihr ihre Absichten damit habt begünstigen

---

*) Das von den Franzosen am 23. aufgestellte Inventar der Festung zeigte einen Vorrath von 130 messingenen und 107 eisernen Kanonen, 20,983 Bomben, 27,684 Haubitzenkugeln, 7757 Granaten, 250,973 Kanonenkugeln, 2305 Kartätschen, 138,857 Pfund Blei, 468,000 Pfund Pulver und etwa 7000 Gewehren.

wollen, so daß ich mich für verbunden erachten muß, eine Brandschatzung von euch zu fordern.

Der französische Bürger, General Neuvinger, wird euch meine Forderung näher bestimmen.

Ich bin benachrichtigt worden, daß in euerer Stadt Gelder verwahrt liegen, welche dem Kaiser und dem Könige von Preußen zugehören, und ich habe daher den General Neuvinger befehligt, sich derselben zu bemächtigen.

Meine Forderungen sind nur mäßig, im Verhältniß mit den ungeheueren Kriegskosten, die uns durch den unsern grausamsten Feinden verliehenen Schutz verursacht worden sind.

Der Franken-Bürger, General Cüstine"

Neuvinger forderte sofort zwei Millionen Gulden als Vergütung des zugefügten Schadens. Als fernerer Vorwand dienten die feindlichen Äußerungen einer Frankfurter Zeitung, die Unterstützung der Emigranten, die Verbreitung von falschen Assignaten und angebliche Selbstverfertigung derselben. General Neuvinger fügte die Drohung hinzu, die geforderte Summe in 24 Stunden herbei zu schaffen, oder eines noch größeren Uebels gewärtig zu sein. Bei der ersten Aufforderung des Magistrats eilte Jeder willig hin, um seinen Beitrag zur Brandschatzung, der allgemeinen Ruhe zu opfern. Der Magistrat beschloß, kein Bürger solle einen Pfennig seines Eigenthums verlieren. Er nahm die Contribution auf das Stadtaerar und verlangte die Beiträge der reichsten Einwohner als Darlehen gegen Zinsen. Zugleich wurde eine Deputation angesehener Bürger (von Humbracht, Seeger und v. Moers) an den General Cüstine nach Mainz gesandt, um die Nichtigkeit der Beschuldigungen darzuthun und wenigstens einen Nachlaß von der ungeheueren Brandschatzung zu bewirken.

Die Deputation wurde von General Cüstine nicht sehr freundlich empfangen, indessen gestand er den Nachlaß einer halben Million zu. Er antwortete nämlich schriftlich wie folgt:

„Im Hauptquartier zu Mainz, den 24 Oktober, im ersten Jahre der Franken-Republik.

Meine Herren! Nachdem ich die Auszüge euerer Protokolle, welche mir eure Abgeordneten überreichten, mit aller Aufmerksamkeit durchgegangen bin, so sah ich nichts weniger als Proben eurer Anhänglichkeit an die Franken-Republik und ihre Revolution.

Die häufigen Verbote gegen die Werbungen der Ausgewanderten und des Grafen von Wittgenstein sind vielmehr ein Beweis, daß man darin warb. Hättet ihr die rechten Mittel ergriffen, eure Verbote wirksamer zu machen, so würdet ihr die öftere Wiederholung derselben nicht nöthig gehabt haben. Und wann geschahen sie, diese Verbote? Erst dann, nachdem die Franken-Nation alle deutschen Mächte mit Strenge dazu aufforderte.

Eure Polizeiordnung gegen die Ungezogenheit der flüchtigen Franzosen, die sie an euren Weibern und Kindern ausgeübt, ist diese nicht ein Beweis von ihrem Aufenthalte in eurer Stadt?

Und jene Zeitung*), die unter eurer Aufsicht ans Licht kam, die ohne eure Genehmigung nicht entstehen konnte, die den Geist der Deutschen über die Grundsätze der fränkischen Revolution die schiefste Wendung gab; ich frage euch: Ist dieses ein Beweis eurer Anhänglichkeit an unsere Constitution?

Ohne Zweifel erkennt ihr heute euren Irrthum, und ich will glauben, daß zurückgekehrt zu der Gerechtigkeit, die stets eueren Augen leuchten sollte, ihr eine Revolution annehmen werdet, die den Nationen ihre Rechte wieder gibt, die die Uebertreter der anvertrauten Gewalten zerstört, die nur Rache an der Verrätherei ausübt und die endlich die Lasten eines drückenden Krieges nur denen auflegt, die Ursache daran waren, oder die ihn nicht verhinderten, da sie konnten, und welche zuließen, daß man die öffentliche Meinung vergiftete und den Glanz der ewigen Wahrheiten zu verdunkeln suchte.

Doch ohnerachtet der erwiesenen Vergehungen des Magistrats der Stadt Frankfurt, sollt ihr nicht umsonst bei mir eingekommen sein.

Die Franken-Nation erläßt euch durch mich 500,000 Gulden an eurer Brandschatzung. Ich setze sie auf 1,500,000 Gulden herunter, ertheile deßhalb meine Befehle dem General Neuvinger. Ich fordere euch auf, mit der Bezahlung nicht zu zögern.

Der Franken Bürger, General der republikanischen Armee.
Cüstine.
Dem Originale gleichlautend. D. Stamm."

---

*) Wahrscheinlich ist hier die „Frankfurter Kaiserlich Reichs-Oberpostamts-Zeitung" gemeint.

General Neuvinger hatte unterdessen durch einen gedruckten Aufruf bekannt gemacht, daß die Contribution nicht von der Bürgerschaft, sondern allein von den Patricierfamilien, den geistlichen Stiftern 2c. getragen werden sollte. Der Aufruf lautete:

„Wir, der unterzeichnete Marchal de Camp und kommandirender General der hierländischen französischen Armee, Bürger der französischen Republik machen unsern Freunden, denen Bürgern, Beisassen und Einwohnern der freien Stadt und Republik Frankfurt am Main anburch zu wissen: daß wir zwar im Auftrage unsers Feldmarschalls, General von Cüstine, Commandant en chef der Armee am Rhein, dem dahiesigen Stadtmagistrat eine Contribution von zwei Millionen Gulden, als Ersatz und zur Genugthuung jenes Schadens angesetzt und zu bezahlen angewiesen haben, den derselbe und seine Glieder der Französischen Nation durch Aufnahme, Schutz, Aufenthalt und Unterstützung der französischen emigrirten Aristokraten, des Abschaums unserer freien Nation, Jahre lang geleistet hat, wie dieses alles in dem desfalsigen Briefe des Generals von Cüstine an den Stadtmagistrat des mehreren gesagt und angeführt ist.

Wir erklären aber auch anburch ganz ernstlichst, daß zu dieser nur bestrafenden Contribution von unsern lieben Freunden, den Bürgern, Beisassen und Einwohnern der freien Stadt und Republik Frankfurt am Main, noch weniger von den bürgerlichen Stadtcollegien und von den zum Hause Frauenstein und Limburg nicht gehörigen bürgerlichen Magistratspersonen jemals irgend einigen Beitrag geleistet, sondern solcher bloß auf die adeligen Patrizialfamilien, auf die in der Stadt und dem Lande der Frankfurter Republik gelegenen geistlichen Kurfürstlich=fürstlich=gräflich und adeligen Häuser, Güter und Besitzungen vertheilt, und solche dafür ausschließlich eines jeden andern, contribuale gemacht werden sollen.

Wir verordnen anburch zugleich alles Ernstes, daß unter unserer sonstigen sträflichsten Ahndung sich hiernach geachtet werden solle, vernichten anburch alle und jede andere, vielleicht schon geschehene Magistralverordnung, contribuale Austheilung und Verfügungen, und beauftragen den dahiesigen Stadtmagistrat ersuchend, diese gegenwärtige Proclamation unter öffentlichem Austrommeln alsogleich bekannt zu machen, und aller Orten anzuheften, widrigenfalls sehen wir uns entgegen unserm Willen genöthigt, die uns von der französischen Nation und dem General von Cüstine übergebene Gewalt zu gebrauchen, und jenes uns schon von lange her bewußte Personale und Familien wegen ihrem entgegen die französische Nation gemachten Unfuge und gröblichen Beleidigungen, öffentlich zu benennen, und an ihren Häusern, Gütern und Besitzungen noch besonders zu bestrafen. Gegeben zu Frankfurt am 23. October 1792.

Victor Neuvinger,
Bürger der französischen Republik und dahier commandirender General der französischen Armee."

Auf diese Erklärung des Generals Neuvinger begab sich wiederum eine Deputation nach Mainz, um dortselbst tiefsten Dank abzustatten, „indem jetzt die ganze Kriegssteuer nachgelassen sei, denn die Häuser Frauenstein und Limburg und andere Abelige genössen keines Vorzugs vor den Bürgern, und seien nach jener Erklärung, wie die Bürger alle nicht contribuabel; die kurfürstlichen und andern Häuser zur Kriegssteuer anzuhalten, habe der Magistrat keine Gewalt und er ersuche deßhalb den General, dies selbst zu thun."*)

Cüstine drohte jetzt mit militärischem Zwang, worauf der Magistrat eine Abschlagszahlung von 300,000 Livres machte, jedoch erklärte, daß er diese Summe als ein der französischen Nation anvertrautes Gut betrachte. Die Bürgerschaft wurde von dem Magistrat durch folgende Proclamation beruhigt.

„Da ein Hochedler Rath vernommen, daß die liebe Bürgerschaft über das, was heute bei der Anwesenheit der französischen Truppen in Bezug auf die von dem Herrn Commandanten derselben an hiesige Stadt geforderte Contribution vorgegangen, bekümmert und beunruhigt sei: so will derselbe hiermit alle und jede und jeden insonderheit aufs bringendste ermahnen, ihre Beunruhigungen zu mäßigen, und sich gegen die obgedachten Truppen keine Thätlichkeiten zu erlauben. Wogegen derselben hiermit die Versicherung gegeben wird, daß nicht nur von der geforderten Contribution noch nichts abgegeben, sondern auch die Sache durch den Weg der fleißigsten und mühsamsten, unabläßigen Unterhandlungen in solche Wege eingeleitet sei, daß man sich eines gewünschten Er-

---

*) Klein, Geschichte von Mainz S. 205.

folgs erfreuen, und das zum Grunde liegende Mißverständniß glücklich gehoben zu sehen annach schmeichelt.

Geschlossen bei Rath,

Nachts um 9 Uhr, Dienstags den 23. October 1792."

Inzwischen hatte General Custine eine neue Proclamation erlassen. Dieselbe lautete:

„Im Hauptquartier zu Mainz, den 24. October 1792. Im ersten Jahr der Franken-Republik.

Bürger!

Als ich mich entschloß, im Namen der fränkischen Nation der Stadt Frankfurt Brandschatzung aufzulegen, um dadurch einen Theil der ungeheuren Kriegskosten auf diejenigen zu wälzen, die vom Volke gewählt, oder zu seiner Vertheidigung gesetzt waren, und mit vorzüglicher Liebe Menschen Gastfreiheit anboten, deren Anschläge dahin zielten, die unverjährten Rechte der Völker zu zertrümmern: so glaubte ich nicht, daß Vorsteher des Volkes ihr Ungerechtigkeiten so weit anhäufen würden, diese Auflagen von dem dürftigen Theile desselben zu erpressen.

Nach den Grundpfeilern der Gerechtigkeit aber, die nunmehr die Richtschnur unserer Republik ist, befehle ich dem Generale, den ich in euern Mauern beorderte, diese Contribution nicht nach der Anzahl eurer Zünfte, wohl aber nach ihren Reichthümern einrichten zu lassen.

Glaubt es mir Bürger! niemals wird die gerechte Franken-Nation von ihrer Macht berauschte Menschen, die nur gar zu geneigt sind, ihre Gewalt und ihre Reichthümer zu mißbrauchen, diese Menschen, die einzig die Beschützer unserer offenbaren Feinde waren, mit dem bescheidenen Bürger vermengen, dessen Arbeit kaum zu seiner Nahrung hinreicht, und der allein das Schlachtopfer der drückenden Gewalt war, die noch erst neulich ihr schweres Gewicht dem Frankenvolke fühlbar machte.

Meine Truppen sollen euere Ringmauern nicht verlassen, ohne daß sie auf meinen Befehl einen lautsprechenden Beweis der Gerechtigkeitsliebe gegeben haben, welche die Führerin unserer Republik ist. Traut auf ihre Grundsätze, ich zeige sie euch in dem Lichte der Wahrheit.

Der Franken Bürger, General der republikanischen Armee.

Custine.

Dem Originale gleichlautend. Daniel Stamm."

Die Cüstine'sche Proclamation verfing nicht; sie wurde von bem Volke verspottet und verachtet. Den Soldaten begegnete man freundlich und sie wurden in ihren Quartieren wohl versorgt. — Am 25. October veröffentlichte General Neuvinger folgende Proclamation:

„Wir Marschall de Camp Neuvinger, nachdem uns bekannt worden daß mehrere der hiesigen Bürger, und namentlich die Gastgeber, Wein= und Bierwirthe dieser Stadt sich verbunden erachtet haben, allerhand Victualien, so ihnen von einzelnen Personen der französischen Armee begehrt wurden, abzugeben, ohne dafür die Zahlung zu erfordern, ersuchen die Mitglieder des hiesigen Raths allen Bürgern anzeigen zu lassen, daß wir gleich bei unserer Ankunft den bestimmten Wunsch geäußert: daß den Soldaten, welche unter unserm Befehl stehen, nichts abgeliefert würde ohne eine gerechte und billige Bezahlung.

Diese Ordre wird der sämmtlichen Armee erneuert, und wir haben uns überzeugt daß kein einzelner von der Abtheilung, welche wir anführen, den Namen eines französischen Bürgers wird verunehren wollen, indem er die heiligsten Gesetze und die Schonung des Eigenthums aus den Augen setzt. Gegeben Frankfurt a. M. den 25. October 1792, im ersten Jahr der Republik.

Victor Neuvinger, Marschall de Camp."

Zugleich traf folgendes Schreiben Cüstine's an den Magistrat ein:

„Im Hauptquartier zu Mainz, den 25. Oktober 1792. Im ersten Jahre der Franken=Republik.

Räthe des Volkes!

Mit welchem Erstaunen vernehme ich die Art, auf welche Ihr die von Euch begehrte Brandschatzung austheilet!

Nicht das Volk Eurer Stadt beleidigt die Nation der Franken durch Aufnahme unserer Ausgewanderten. — Nicht das Volk Eurer Stadt entzog der Republik ihre Gelder, um sie in die Kisten der Prinzen zu werfen. — Nicht das Volk Euerer Stadt brachte von ihnen verfertigte falsche Assignaten in Umlauf, die diese Nationalmünze herunter würdigten. — Nicht das Volk Eurer Stadt genehmigte den Druck einer verläumberischen Zeitung, welche am meisten dazu beitrug, den Geist der Deutschen gegen die fränkische Konstitution aufzubringen, und doch wollt Ihr durch dieses die Auflagen tragen lassen!

Der General, dem ich diese Aufträge ertheilte, hat sehr übel meine Gesinnungen ausgebeutet, da er ruhig zusah, als man an dem Volke solche Ungerechtigkeiten ausübte.

Die Herrschsucht des Reichen ist sicher die schrecklichste von Allen. Der Mann, der von seinem Ueberfluß prasset, wirft die öffentlichen Lasten auf den Armen — das bewirkte die Revolution in Frankreich und das wird sie im deutschen Reiche vorbereiten.

Volksmagistrat! leiht mir Eure Kanonen und Euren Kriegsvorrath, damit ich die Mittel zur Vertheidigung der höchstwichtigen Eroberung, welche die Franken=Republik machte, verstärke.

Gebt mir Eure Vierundzwanzig=Pfünder mit ihrem Geräthe — unter dieser Bedingung erlasse ich Euch 500,000 Gulden an Eurer Brandschatzung.

Ich verlange aber, daß diese Verringerung blos zu Gunsten der ärmeren Zünfte gereiche.

Der Franken Bürger, General der republikanischen Armeen
Cüstine.
Dem Originale gleichlautend.   D. Stamm."

Diese Forderung fand ebensowenig Anklang unter den Einwohnern. Die Gewerke beschlossen eine Schrift aufzusetzen um Cüstine mit den Verhältnissen und der Gesinnung der Bürger bekannt zu machen. Trotzdem daß Handel und Wandel stockte, war doch kaum eine Stimme, die sich für das Eingehen auf diese neue Anforderung erhob.

Inzwischen hatte Cüstine von Mainz aus folgenden Aufruf „an die gedrückte Menschheit in Deutschland, im Namen der Franken=Republik" erlassen.

„Als die Franken sich zum Kriege entschlossen, wurden sie dazu aufgefordert, um den ungerechten Angriff der Despoten, dieser in Vorurtheilen eingewiegten Menschen zurückzutreiben, welche sich einbilden, daß die Völker des Erdbodens aus keiner anderen Absicht da sind, als vor ihren Unterdrückern zu knieen, und durch ihr Geld wie durch ihren blutigen Schweiß den Stolz, die Habsucht und die Wollust ihrer pflichtvergessenen Vorsteher zu sättigen.

Die Nation der Franken und ihre Repräsentanten werden nach ihrer Gerechtigkeit allezeit die Völker unterscheiden, welche unglücklich genug sind, sich genöthiget zu sehen, ihre Häupter unter das entehrende Joch des Despotismus zu krümmen.

Eine Nation welche zuerst allen Völkern das Beispiel gegeben hat, zu ihren Rechten zurückzukehren, bietet Verbrüderung, bietet Freiheit Euch an.

Euer eigener unerzwungener Wille soll Euer Schicksal entscheiden. Selbst dann, wenn ihr die Sclaverei den Wohlthaten vorziehen würdet, mit welchen die Freiheit Euch winkt, bleibt es Euch überlassen, zu bestimmen, welcher Despot Euch Eure Fesseln zurückgeben soll.

Ich werde die alten Auflagen handhaben; nur von jenen Menschen werde ich Brandschatzung fordern, welche Euch drückende Lasten auflegten, denen sie sich selbst zu entziehen wußten. Ich werde alle konstituirten Gewalten bis dahin beschützen, wo ein freier Wunsch den Willen der Bürger, Beisassen und Bauern in den Städten und Ortschaften des Erzbisthums Mainz, der Bisthümer Worms und Speier, und in allen übrigen Gegenden von Deutschland, in welchen die Fahnen der Frankenrepublik aufgepflanzt werden sollen, bis, sage ich, ein freier Wunsch den Willen eines jeden dieser deutschen Völker wird bekannt gemacht haben.

Ich bin im Begriffe, diese Festung in den fürchterlichsten Vertheidigungszustand zu setzen, und ob man gleich unter Euch hat verbreiten wollen, daß ich die Absicht habe, sie zu verlassen, so schwöre ich doch: ich will sie behaupten! selbst dann noch behaupten, wenn das ganze Heer unserer Feinde sich gegen dieselbe verbinden sollte.

Möge sie zur Brustwehr der Freiheit aller Völker des deutschen Reiches gedeihen! Mögen aus ihrem Busen diese Grundsätze ewiger Wahrheiten hervorgehen! Möge die Klarheit ihrer Grundsätze alle Menschen ergreifen, deren Nacken noch unter das Joch der Knechtschaft gebeugt ist!

Was mich betrifft, so habe ich, stolz auf den schönen Titel eines fränkischen Bürgers, all jenen Unterscheidungszeichen abgeschworen, die der Stolz des Despoten erfand. Der einzige, eines vernünftigen Menschen würdige Ehrgeiz ist dieser: In dem Herzen seiner Mitbürger zu wohnen.

Der Franken Bürger, General der Armeen der Republik,
Cüstine.

Dem Originale gleichlautend.   Dr. G. W. Böhmer."

Der Magistrat richtete am 26. ein Schreiben an Cüstine, in welchem die ihm gemachten Vorwürfe wiederholt zurückgewiesen wurden und worin er erklärte, daß er, wegen der unverbrüchlichen Neutralität und des Verbandes mit dem deutschen Reiche die geforderte Artillerie und Munition nicht überlassen könne und bat nochmals um Schonung „welche andern Ländern und ganz neuerlich der Stadt Wetzlar und dem Fürsten von Isenburg zugestanden sei." Neuvinger drang unterdessen auf Zahlung und so wurden noch an demselben Tage weitere 150,000 Livres bezahlt, jedoch mit der Erklärung, daß man keine weitere Zahlung mehr leiste, bevor man nicht zur Sicherheit und zur Erleichterung der Stadt eine Uebereinkunft mit Cüstine getroffen habe. An die Bürgerschaft erließ der Magistrat, in Hinweis auf Cüstine's Schreiben, worin dieser klagte, daß das Volk zu Beiträgen herangezogen werde, folgende Ansprache:

„Nachdem ein Hochedler Rath zu seinem größten Leidwesen vernehmen müssen, daß die Meinung im hiesigen Publiko verbreitet werden wolle, als ob die hiesiger Stadt auferlegte Contribution von dem dürftigen Theil der Einwohner erpresset werden wolle, so sieht sich derselbe ermüßigt, hiermit öffentlich zu erklären, daß, so wie bei jedem, der mit hiesiger Verfaßung gehörig bekannt ist, jeder Gedanke der Möglichkeit einer Erpreßung zuverläßig keine Statt finden kann, eines Theils noch gar nicht die Frage von Vertheilung derer zu Entrichtung des bisher abgelieferten Contributions-Quanti von hiesigen Bürgern freiwillig dargeliehenen Gelder gewesen, noch habe sein können, andern Theils aber gedachten Hochedler Rath, so viel an ihm ist, wie jederzeit, also auch vorzüglich bei dieser traurigen Gelegenheit den Mittelmann und Dürftigen vielmehr zu schonen, als zu belästigen, gemeint sei, sich jedoch auch dagegen zu den bisher gezeigten, mit dem Glück hiesiger Stadt übereinstimmenden Gesinnungen der hiesigen Bürgerschaft versehn, daß die auf das gemeine Wohl abzweckende Verfügungen Eines Hochedlen Raths nicht durch denenselben widersprechende Handlungen einzelner Bürger vereitelt, sondern vielmehr denen bisherigen öfters geschehenen Ermahnungen zufolge Ruhe und Ordnung erhalten werden möge.

Frankfurt, den 27. October 1792
Stadt-Canzlei."

Am 27 October erschien abermals eine Cüstine'sche Proclamation folgenden Inhalts:

„Im Hauptquartier zu Mainz, den 27. October 1792. Im ersten Jahre der Franken=Republik.

Bürger!

Die Constitution ist von der Nation nur zur Unterstützung der Armen genehmigt, um den Unterdrückungen des Reichen endlich einmal Ziel und Grenze zu setzen.

Ich vernehme, Bürger! daß der Banquier, der in's Große handelnde Kaufmann, verschworen mit unseren Feinden, um die klingende Münze aus Frankreich herauszuziehen, und darin falsche Assignaten in Umlauf zu bringen, von dem Volke Eurer Stadt, den Theil Eurer Brandschatzung hat wollen bezahlen lassen, den ich nur von dem Reichen nach Verhältniß seines Vermögens bezahlt haben will.

Vernehmet dagegen, daß Jeder, der nicht wenigstens dreißig tausend Gulden eigenes Vermögen besitzt, von jeder Auflage frei sein soll, und daß jeder andere der etwas bezahlt haben sollte, sein Geld zurück erhalten soll.

Ich bin nach Deutschland gekommen, um dem Volk das Bünd=niß der Fränkischen Republik anzubieten und den Unterdrückern zu zeigen, daß die frei gewordenen Franken nur den einzigen Wunsch haben, die Schwachen zu schützen und den ungerechten Verwalter von Reichthümern zu überzeugen, daß die Menschen, ihrer Geburt nach an Rechten einander gleich, nicht bestimmt sind, das Joch des Reichen zu tragen.

Der Franken Bürger, General der Armeen.

Cüstine.

Dem Originale gleichlautend. D. Stamm."

Am 27. begab sich eine Deputation, bestehend aus den Herren von Humbracht, Seeger, Friedrich Schmid und Wenner nach Mainz um dem General die Bedingungen vorzulegen unter denen die Stadt die Contribution zahlen werde.*) Während diese nach Mainz unter=wegs war, wurde plötzlich (gegen 1 Uhr Nachmittags) General=marsch geschlagen. Alles glaubte die Hessen und die Kaiserlichen

---

*) Klein, Gesch. von Mainz S. 210.

ständen vor den Thoren. Es waren aber frische französische Truppen vor dem Bockenheimer Thore angelangt und mit ihnen Cüstine, welcher sogleich mit großem Gefolge und in Begleitung Böhmer's, der einen rothen Rock trug, in die Stadt kam. Die Truppen wurden ebenfalls alsbald hereingeführt und die Kanonen vor dem Theater aufgefahren. Der General nahm Quartier im „rothen Haus" (dem jetzigen Postgebäude) und hielt am Nachmittage auf dem Roßmarkt eine Revue ab. Eine große Menschenmenge war hier versammelt; man fürchtete den augenblicklichen Befehl zur Plünderung. Einige 40 junge Metzger, jeder von einem großen Hunde begleitet, hielten sich in der Nähe von Cüstine; sie sollen entschlossen gewesen sein, wenn er Gewalt befehle, mit ihren Hunden über ihn und den Generalstab herzufallen und alle zu zerreißen. Cüstine aber war nicht unfreundlich; er fragte: „Nicht wahr, ihr habt neulich einen deutschen Kaiser gekrönt?" Prosetisch fügte er hinzu: „Ihr werdet keinen mehr krönen." — Für die neuangekommenen Regimenter marschirten die alten aus.*)

Cüstine ließ jetzt sieben der angesehensten christlichen und jüdischen Kaufleute durch Offiziere vor sich fordern, und erklärte ihnen, nachdem sie gekommen waren, daß er sie als Geißeln behalten würde. Es waren Rathsherr J. J. Willemer (statt dessen wurde am andern Tage Catoir geholt, weil W's. junge Frau vor Schrecken plötzlich gestorben war), Bethmann=Hollweg, Heinrich Gontard, Franz Schweizer, J. E. Ehrmann, Brentano Sohn und Isaak Mich. Speyer.

Die nach Mainz abgegangene Deputation kehrte auf halbem Wege zurück und begab sich zu Cüstine, der ihr erklärte, daß er jetzt Geißeln habe und die zwei Millionen nun vollständig begehre. Auch dem wiederholten Erscheinen der Deputation gegenüber am andern Morgen blieb er bei seiner Forderung und drohte, im Falle er die zwei Millionen binnen vier Stunden nicht habe, die Geißeln abzuführen; außerdem verlangte er wiederum die städtischen Vierundzwanzig=Pfünder. Die Stadt erklärte alle Mittel zur Zahlung aufbieten zu wollen, um die Geißeln zu befreien; in Betreff des Geschützes müsse sie aber auf ihrem früheren Beschluß verharren.

---

*) Klein, Gesch. von Mainz S. 210.

Die Deputation, welche ihm das Schreiben der Stadt überreichen sollte, wurde von ihm nicht vorgelassen und er ließ ihr durch seinen Secretair sagen: „Ich verlange kein Schreiben, ich will Geld haben." Die Geißeln wurden indeß nicht abgeführt und Custine ließ am Abend die Deputation vor sich rufen und erklärte ihr, daß wenn die zwei Millionen nicht bald bezahlt würden, er seine Forderungen noch höher treiben werde*). Der Deputation übergab er folgendes Schreiben an den Magistrat:

„In dem Hauptquartier zu Frankfurt, den 28 Okt. 1792, Im ersten Jahr der Franken-Republik.

Meine Herren! Es hat nie meine Absicht sein können, daß die Geißeln, die sich nun in meinen Händen befinden, die Contribution für ihre Person allein tragen sollen. Ich höre aber, daß Sie in diesem Wahne stehen und begreife nicht, wie Sie sich darein bestärken lassen können.

Ich verlange, daß die Contribution den Reichen treffe und daß ein Jeder nach Verhältniß seines Vermögens bezahle; meine Gesinnungen über diesen Punkt sollten Ihnen doch nicht mehr unbekannt sein. Ich werde mich aber wohl hüten, mich darüber in einige Erörterung einzulassen.

Ueber mein Betragen und die Beweggründe, die mich dazu verleitet haben, lege ich dem National-Convente Rechenschaft ab. Glauben Sie nicht, daß ich Ihre Stadt verlassen werde; ich hoffe Ihnen noch von meinen militärischen Kenntnissen solche Beweise zu geben, daß Sie diesen Gedanken, wenn Sie ihn je bei sich gehegt haben, bald aufgeben und dagegen erfahren sollen, daß von dieser Gegend die Armee der Republik noch weiter gegen diejenigen Mächte, welche sie nicht anerkennen wollen, vorrücken und ihnen zeigen werden, daß ihre Weigerung nur vergeblich ist.

Ich hoffe aber, daß diese Mächte, wenn sie ihr wahres Beste einsehen und beherzigen, ihr eitles Vorhaben aufgeben und erkennen werden, daß eine Macht wie Frankreich sich keine Gesetze vorschreiben läßt und daß es kein anderes Mittel gibt, sich mit ihr zu vereinigen, als dieses auf alle und jede Volksbedrückung Verzicht zu thun.

---

*) Klein, Gesch. v. Mainz S. 211.

Die französische Republik denkt nicht daran, Deutschland zu erobern; fern von ihr ist eine solche Chimäre. Aber sie will ihre eigene Ruhe befestigen und den stolzen Despoten, der dieses Reich beherrscht, überzeugen, daß sein wahres Interesse es erheischt, seine Staaten mit Weisheit zu regieren und die so lange verkannten Grundsätze der Vernunft und Philosophie einmal anzunehmen.

Das ist der Kriegsplan, den die französische Republik sich vorgezeichnet hat. Fünfundzwanzig Millionen Menschen müssen umkommen und ihre Städte und Dörfer müssen in Staub und Asche verwandelt werden, ehe dieser Vorsatz von ihr aufgegeben wird.

Lassen Sie also einmal ihre lächerlichen Einbildungen fahren, meine Herren; willigen Sie dagegen in meine letzte Forderung von zwei Millionen und schließen Sie mit uns von heute an ein Bündniß, das nichts auf der Welt trennen soll.

Der fränkische Bürger=General der Armee.

Cüstine."

Außer der Brandschatzung forderte Cüstine von dem Reichs=Ober=Postamt 200000 Gulden und ebensoviel von der Judengasse. Die als Geißel angehaltenen Bürger, welche erklärten, sie wollten sich ihre Abführung gerne gefallen laßen, wenn es zum Besten der Stadt geschehe, wurden, obschon der Magistrat am Abend des 28. October, um Cüstine zu einer Sinnesänderung zu bestimmen eine dritte Zahlung im Betrage von 550,000 Livres geleistet hatte, nun doch nach Mainz gebracht. Auf ein neues Schreiben des Magistrats erklärte Cüstine, es geschehen lassen zu wollen, wenn die erste Million abgetragen, daß die andere Million in zwei Zielen in 6 und 10 Monaten bezahlt werde. So wurden denn am 30 October zwei Zahlungen von 216,000 u. 400,000 Livres und am 31. ebenfalls zwei von 360,000 und 205,818 Livres 4 Sols geleistet, so daß die erste Million abgetragen war. Cüstine entließ jetzt die Geißeln, erklärte, daß er sich bei dem National=Convent um Nachlassung der andern Million verwenden wolle, und stellte für die Stadt Frankfurt eine sauve garde aus. Das Aktenstück*) lautete:

---

*) Frankfurter Staatsristretto 174 Stück v. 6. Nov. 1792.

Salva-Gardia

(L. S.)

Im Hauptquartier zu Mainz, den 2 November 1792.

Im ersten Jahre der Franken-Republik.

Wir Adam Philipp Cüstine, französischer Bürger, General der Armeen der Republik:

Gebieten allen Befehlshabern der Posten und Truppen, allen Soldaten und französischen Bürgern, die Personen und das Eigenthum der Bürger der Stadt Frankfurt zu beschützen und beschützen zu lassen, so wie die Freiheit der Handlung gedachter Stadt zu sichern, während der Zeit, als die Armeen der französischen Republik unter meinem Befehl auf ihrem Gebiete im deutschen Reich sein werden.

Versprechen selbst an die National-Convention zu gesinnen, die Stadt Frankfurt die ganze Zeit dieses Krieges über, mit allen ferneren Contributionen außer denen, die unter dem heutigen Tage festgesetzt worden, zu verschonen.

Machen auch hiermit alle Befehlshaber der Truppen und der Posten verantwortlich wegen aller Gewaltthätigkeiten, welche gegen die Stadt Frankfurt und ihre Einwohner möchten ausgeübt werden wollen.

Erklären auch hiermit, daß jeder Soldat oder französischer Bürger, welcher diesen schönen Namen entehren würde, indem er sich Gewaltthätigkeiten erlaubte, als Feind der Republik angesehen und behandelt werden solle. Cüstine."

Unterdessen hatten die Franzosen unter Anführung Houcharb's einen für sie glücklichen Handstreich im Hessischen ausgeführt, wo sie sich der reichen Nauheimer Saline bemächtigten. Am 28 October brachten sie über hundert Wagen mit Salz und 120 Mann gefangene hessische Soldaten vom Regiment Kospoth, die von Hauptmann von Mondorf und von Lieutenant Fließ commandirt waren ein. Cüstine ließ die gefangenen Hessen, unter Reiterbedeckung zur Schau durch die Straßen und dann nach Mainz abführen. Die Offiziere wurden auf Ehrenwort, nicht mehr gegen die Franzosen zu streiten, frei gelassen. Auch aus dem Ilbenstädter Kloster hatten sie Geißeln mitgebracht. Sie hatten von demselben 100000 Gulden verlangt. Auch von andern Klöstern hatten sie Brandschatzungen gefordert, so von Arnsburg (150000 Gulden), Engelthal, Niederilbenstadt, und Rockenburg.

An die hessische Armee hatte Cüstine folgende Proclamation*) gerichtet:

„Im Hauptquartier zu Frankfurt, den 28 October im ersten Jahr der Franken-Republik.

An die Hessen-Casselschen Soldaten!

Der Landgraf von Hessen-Cassel versammelt in der Nähe seiner Residenz zahlreiche Schaaren streitbarer Männer.

Denkt er nicht, daß der jüngste Tag für alle ungerechten Fürsten, und der Tag der Erlösung für die von ihnen verblendeten Völker erschienen ist.

Er lagert diejenigen um sich her, durch welche er hofft, seinen wankenden Thron zu befestigen, diesen reinsten Theil eines Volkes, dessen Blut er verkaufte um seine Schatzkammer zu füllen. Schon dieser einzige Umstand wird über das Schicksal dieses Tyrannen entscheiden.

Ungeheuer! über das sich schon längst der Fluch der deutschen Nation, die Thränen der Wittwen, die du broblos und das Jammergeschrei der Waisen, die du elend gemacht hast, gleich schwarzen Gewitterwolken zusammen thürmten. Deine gemißbrauchten Soldaten werden dich der gerechten Rache der Franken überantworten. Die Flucht wird dich nicht derselben entziehen. Wie wäre es auch nur möglich, daß ein Volk in der Welt einen Tiger, wie du bist, Zuflucht gewähren könnte? —

Und ihr, Soldaten der Hessen! die ihr nicht Feinde waret des fränkischen Volks, die Nation bietet ein glückliches Schicksal Euch an; täglich 15 Kreuzer wenn ihr dienen wollt, fünf und vierzig Gulden Pension, wenn ihr keine Dienste nehmen wollt, das Bürgerrecht — brüderliche Liebe und — Freiheit! —

Ich als General der fränkischen Republik mache Euch dieses bekannt.

Adam Philipp Cüstine,
Fränkischer Bürger, General der Armeen der Republik."

Die Hessen antworteten in Folgendem:

„Reclama der Hessen auf das Proclama des Neufränkischen Bürgers und Generals Cüstine.

Wir haben deinen freundlichen Zuruf, menschenfreundlicher

---

*) Frankfurter Staatsristretto. 169 Stück vom 29 Oct. 1792.

Mann! durch den Donner der Kanonen und durch das Gewinsel und Aechzen unserer beklemmten Nachbaren am Rhein= und Mainstrom vernehmlich gehört und in reife Ueberlegung gezogen. Dem alten kranken Vater, der ausgezehrten Wittib und der todtenbleichen noch lebigen Braut, denen der Fürst Sohn und Gatten raubte, um sie in einem fremden Welttheil zu verkaufen, hast du die Wunden aufgerissen, du hast sie mit Grimm bewaffnet wider Ungerechtigkeit, und wider ihr eigenes Blut empört — Mann ohne Titel, vor dem man die Knie nicht beugt, und doch so groß ist — dessen Mitbrüder, obgleich so fürchterlich gewaffnet, doch so gefällig und liebenswerth — Du springst über so viele Tausend Leichen aus deinem Vaterland ungerufen, uns die ursprüngliche Freiheit wieder zu geben, das Joch zu zertreten, das uns drückt, den Despoten an Pfahl zu hängen, und die Schätze, woran unser Blut noch hängt, vielleicht uns wieder zurückzugeben — aber verzeih uns, Freund, daß wir in deine Bruderliebe einiges Mißtrauen setzen; da uns das Vaterherz schon so oft betrogen hat, und wie du selbst sagst, in Tigerkrallen verwachsen ist. Der Worte sind wir schon gewohnt, und in Thaten widersprichst Du dir selbst.

Du, und deine Gesellen sind Kinder eines Vaters, der in Uebermuth und Unverstand seine Gewalt mißbrauchte, der mit den ältesten aus euren Brüdern, die sich beßwegen für besser dünkten, euer Erbtheil verpraßte, und sich mit dem Blut berauschte, das nach harter Arbeit aus euren Händen floß . . . Ihr, die Unterbrücker nahmt mächtig eure Kräfte zusammen, und anstatt dem Mißbrauche Schranken zu setzen, warfet ihr den Vater, und mit den schuldigen Brüdern viele Schuldlose um . . . schlugt im Grimme viel Tausend Unschuldige todt . . . Nun macht ihr Plane für künftiges Wohlsein, und versäumt darüber die dringendste Pflicht, euren Kindern das tägliche Brod zu verschaffen. Du unbetitelter Mann, führst sie also hungrig und baarfuß an den Brodkasten euerer friedlichen Nachbarn, setzest die Städte Speier, Worms und Frankfurt, die ihrer Verfassung nach freier sind, als ihr sie machen könnt, in die ungerechteste Brandschatzung . . . Ihr laßt euch durch undankbare Unterthanen, die im Müßiggange durch das Mark ihrer armen Mitbürger, deren Elend sie nicht einmal kennen, fett und übermüthig geworden sind, meineidig in das Eigenthum eines andern, in die Stadt Mainz führen, da reißt ihr den gesparten

Wintervorrath der armen Bürger an euch, unterhaltet dieselbe dagegen mit der auszehrenden Idee einer eingebildeten Freiheit, und gebt euch noch das Ansehen der Großmuth, wenn ihr sie mit ihrem eigenen Gelde bezahlt. Hier stehst du, Hannibal, und sprichst, unter dem bescheidenen Namen eines Bürgers der Neufranken, in einem fremden Lande das Urtheil über Fürsten, Herren, indeß deine unwürdigen Anbeter süße Plane schmieden und das leichtgläubige Volk auf ihre Seite zu bringen suchen. Da dies nun durch unsere Wachsamkeit mißlungen ist, Hanau wie Frankfurt bei Nachtzeit zu überschleichen; da Dir mißlungen ist, unsern Fürsten, der Dich nicht beleidigt hat, zu hängen, und dafür den kärglich gesparten Kaufschilling für das theure Leben unserer Brüder und Kinder zu rauben, uns aber um großmüthig zu scheinen, gegen eine aufbringliche Brandschatzung den Gift der Zwietracht und der inneren Unruhe zurückzulassen, so versuchst Du uns unter dem Schein der Freundschaft einzuschläfern und meineidig zu machen. Allein, da gibst Du dir vergebens Mühe und kennst den Biedersinn der Hessen nicht, die sich gewiß nicht bewegen lassen, auch das größte Glück dieser Erde nach dem Beispiele einiger deutschen Mißgeburten zu Mainz, eine Scheinfreiheit durch Meineid zu erkaufen.

Bist du der Mann, der uns im Ernste Freiheit und Ruhe wünscht und gönnt; so betrete nicht unser Gebiet, bis wir Dich darum bitten; bist Du aber ein Feind unter der frommen Maske, so erwarten wir Dich mit dem Schwerte in der Hand, und sind entschlossen, mit unserm Fürsten lieber zu sterben als unrühmlich zu leben.

Unterzeichnet im Lager bei Hanau, vom 28 October 1792.
Sämmtliche Hessen=Kassel'sche getreue Unterthanen."

Auch am 29 October trafen frische Salztransporte von Nauheim ein und wurden in Schiffen den Main hinabgeführt. Da sich einige Leute aus der unteren Volksschichte an dem Maine um die Salzvorräthe drängten, um etwas davon zu erbeuten, erließ der Magistrat folgende Proclamation:

„Da ein Hochedler Rath vernehmen müssen, daß bei dem heute für die französischen Truppen eingekommenen Lieferungen sich viele Leute zugedrungen, und von einigen derselben Unordnungen verübt worden; als will derselbe hierdurch jedermänniglich wohlgemeint, von allem solchem Zusammenlaufen und Zudrängen abmahnen, damit niemand sich selbst oder andern Unannehmlichkeiten zuziehen möge. Zugleich werden die hiesigen Bürger und Einwohner hierdurch erinnert, wenn wider Verhoffen sich dergleichen abermal zutragen und sie solches gewahr werden sollten, davon sogleich einem der Herrn Bürgermeister die Anzeige zu machen, und wo möglich die Urheber der Unordnungen oder Excedenten namentlich anzugeben.

Frankfurt den 31 October 1792.

Stadt=Canzley."

Herr Syndicus Seeger und Kaufmann Gottlieb Engelbach wurden jetzt von der Stadt als Deputirte nach Paris gesandt, um ihre Beschwerden dem National=Convent vorzutragen. Inzwischen wurde von den Bürgern der Stadt am 5 November dem General Cüstine eine Schrift übermittelt, die von allen Zünften und Gewerben mit wenigen Ausnahmen Mann für Mann unterschrieben wurde. Dieselbe lautete:

„Die Bürger von Frankfurt an den fränkischen Bürger und General Herrn Cüstine.

Herr General!

Sie haben in Ihren erlassenen Manifesten zu uns gesprochen, und haben darin allzudeutlich erklärt, daß Sie es mit der geringeren Klasse von Bürgern besonders gut meinen, als daß uns dieses nicht ein vollkommenes Zutrauen zu Ihnen einflößen sollte.

Sie erlauben uns also, daß wir auch einmal öffentlich, nach unserer Empfindung zu Ihnen reden dürfen; Sie wollen uns für Bedrückung schützen, von der Frankfurts Bürger Gottlob! nichts wissen, und noch weniger sie fühlen! Sie wollen uns eine Freiheit versichern, die wir schon genießen. Wenn sie also glauben, Herr General! daß wir bisher unterm Druck gestanden, Erpressungen ausgesetzt, oder sonst übel dran gewesen seien, so müssen Sie offenbar von Feinden unseres Wohlstandes durch solche Vorstellungen hintergangen worden sein.

Unsere Vorgesetzte sind unsere Mitbürger; der Magistrat wird selbst aus unserer Mitte mit Handwerkern besetzt, die sogar ein Drittheil des ganzen Rathes ausmachen. Bei Verwaltung der öffentlichen Kassen stehen Bürger zur Seite und es wird über deren Zustand auch von Zeit zu Zeit der ganzen Bürgerschaft Rechenschaft gegeben.

Die Magistratspersonen tragen die gemeinen Lasten so gut wie wir, sie haben keine andere Vorzüge, als dasjenige Ansehen, welches zur Führung ihres obrigkeitlichen Amtes erforderlich ist.

Die Reichen unter uns haben nie eine besondere Classe ausgemacht, Ihr Wohlstand verbreitet sich auf alle Nahrungszweige, und der blühende Handel macht uns alle glücklich — wer nur arbeiten will und kann, findet sein Auskommen in jeder Gewerbeart. Von jedem Nahrungsstand treten hier Wohlhabende auf, um dieses zu bestärken. Arme gibts allenthalben. Die Unsrigen finden bei den öffentlichen und Privatstiftungen (deren Dasein wir dem Vermögen und der Mildthätigkeit unserer Vorfahren, und deren Erhaltung wir dem allgemeinen Wohlstand zu verdanken haben), so viele Unterstützung, daß sich unser kleiner Staat darin vor vielen weit größeren und blühenderen auszeichnet. Was die Reichen aber außerdem noch den Dürftigen im Stillen Gutes thun, wird uns täglich laut gepriesen; wir schweigen aber davon, weil jene keinen Dank verlangen.

Unsere Abgaben sind äußerst gering, und keiner unter uns hat sich darüber zu beklagen. Kurz, wir sind Alle glücklich, alle zufrieden. Aber unsere allgemeine Wohlfahrt hängt mit unserer glücklichen Verfassung und dem Wohlstand unserer reichern Mitbürger allzu eng zusammen, als daß wir uns nicht für diese verwenden sollten. Denn wenn Sie, Herr General! unsern reichern Mitbürgern so viel Geld abnehmen, so sind wir, der Mittelstand und ärmere Bürger, mitgestraft, weil unser Handel, unser Gewerbe sinkt, und unser Verdienst abnimmt. Wir leiden also alle darunter.

Indem Sie, Herr General, sich als einen Vertheidiger der Freiheit, als einen Beschützer der öffentlichen Wohlfahrt darstellen, so würden Sie Ihren eigenen Grundsätzen zuwiderhandeln, wenn Sie uns nicht bei der unsrigen ließen, und wenn Sie nicht von aller Contribution abstünden, die wir so wenig, als unsere reicheren Mitbürger verschuldet haben, und welche unsern bis daher glücklichen Staat zu Grunde richten muß.

Uebrigens wüßten wir nicht womit wir unsern Eifer für die fränkische Republik lebhafter an den Tag legen könnten, als durch den aufrichtigsten Wunsch, daß die fränkische Nation mit ihrer neuen Verfassung so glücklich sein möge, als wir bisher mit der unsrigen waren. —

Also erwarten wir von Ihnen, Herr General, daß Sie uns bei dem für uns schätzbarsten Gut! unserer bisherigen Verfassung, und unserm davon abhängenden Wohlstand, unverrückt lassen, und Sie dadurch Ihren Ruhm, unsern lauten Dank und allgemeines Lob, als den herrlichsten Schmuck in der unverwelklichen Bürger=Krone, sich erhalten mögen.

Frankfurt, den 5. November 1792.

Die Bürger von Frankfurt."

Die französischen Truppen breiteten sich in der ganzen Gegend aus, und besetzten auch das hessische Städtchen Bergen. Ueberall wurden Schanzen aufgeworfen. In Folge einiger Schlappen, die sie bei Weilburg und Nauheim durch die Hessen erlitten, zogen sich die Franzosen dort zurück und die Nauheimer Saline war von ihnen befreit. Gegen Mitte November verlegte Cüstine sein Haupt=quartier von Mainz nach Homburg v. d. Höhe und ließ von dort aus bis Höchst Verschanzungen anlegen, wofür die Bauern von den benachbarten Orten gegen einen Lohn von 1 Franken arbeiten mußten. Die Magazine in Frankfurt wurden gefüllt; auch von Weilburg, wo die Franzosen das dortige Fürstenschloß und Zeug=haus plünderten, sowie Brandschatzung forderten und Geißeln mit=schleppten, wurden die Kanonen und Gewehre hierher gebracht.

Es wurde bald eine zweite Deputation nach Paris abgesendet, welche aus den Herren Johann Heinrich Jordis, Peter C. Müller und Schöff von Günderode bestand. Der erstere wurde im National=Convent mit Achtung empfangen und in den Abge=ordneten lebte die Hoffnung auf, ein günstiges Resultat zu erreichen, indem der National=Convent am 14. November beschloß, das Gesuch der Frankfurter Deputation zu prüfen, um vor den Augen Europa's einen Beweis der Unpartheilichkeit des Convents abzu=legen.

Der französische Minister des Inneren Roland (Gatte der berühmten M^{m}· Roland) verwendete sich in einem Schreiben an den Minister der auswärtigen Angelegenheiten Le Brun warm für die Frankfurter. Das Schreiben lautete:

„Antwort des Ministers des Inneren an den Minister der auswärtigen Angelegenheiten Le Brun, in Beziehung auf die Be=schwerden der Stadt Frankfurt am Main, vom 18. November 1792 im ersten Jahre der fränkischen Republik.

Es bedurfte keineswegs der Verwendung zu Gunsten der Stadt Frankfurt, welche Sie, lieber Kollege, mir zu überschicken die Gewogenheit hatten, um meine Meinung über die Beschwerden, welche Ihre Deputirten vor den National=Convent brachten, zu bestimmen. Sie wissen es, ich habe sie laut genug geäußert, und bin geneigt zu denken, daß die Grundsätze, auf welchen sie beruht, auch den Ausspruch der Versammlung über diesen wichtigen Gegenstand entscheiden werden.

Was hat auf eine so feierliche Art die fränkische Nation erklärt? — daß sie auf jede Eroberung Verzicht thue — daß sie die Rechte und die eigenthümlichen Besitzungen aller Völker respektire — daß sie nur ihre Feinde und die Tyrannen bestreiten wolle! —

Welche erhabnere, mehr Ehrfurcht erweckende und der Bewunderung würdige Erklärung konnte von den französischen Gesetzgebern, nachdem sie die Rechte der Menschheit wieder hergestellt, bekannt gemacht werden? Und sie wäre es gleichwohl, die man nicht allein verletzen, sondern sogar in den Augen des ganzen menschlichen Geschlechts, das auf unsere Bewegungen, wie auf unsere geringsten Berathschlagungen voll Aufmerksamkeit siehet, verdächtig machen dürfte! Nimmermehr! nur die bloße Möglichkeit dies zu denken, fällt mir unerträglich.

Das Bewußtsein unserer Stärke wird uns nicht gegen Ruhm noch weniger gegen Gerechtigkeit fühllos machen. Frankfurt ist ein zwar freier, aber durch seine Lage, durch seine politischen Verbindungen und durch seine eigene Schwäche abhängiger Staat!

Als ein einzelner Theil des deutschen Staatenkörpers konnte diese Stadt dem Ansinnen der Mehrheit der Stimmen auf dem Reichstag sich nicht widersetzen, wo man es ihr zum Gesetz machte, ihr Kriegscontingent zu stellen. Und wenn selbst dieser Schritt, bei weitem der verfänglichste, worüber man ihr Vorwürfe machen könnte, weder feindseligen Gesinnungen noch einer für unsere Revolution beleidigende Denkart aufgebürdet werden kann — von welchem Gewicht mögen wohl in den Augen einer großen Nation die armseligen und chikanenartigen Anklagen scheinen, welche man über die angeblich schlimmen Dienste dieser Republik gegen uns erhebt? Sie hat, — sagt man, — den Aufenthalt der Emigrirten begünstigt; sie hat Werbung für sie geduldet; sie hat den Prinzen

Geldvorschüße gemacht; sie hat in ihren Mauern eine aristokratische Zeitung gehegt, sie hat unsere Assignaten in Mißcredit gesetzt.

Allen diesen Beschuldigungen setzt man entgegen die wiederholten Verbote gegen die Werbungen; die ernsthaften Vorkehrungen gegen die Werber; die Ablehnung des Verkaufs ihres Geschützes an die französischen Prinzen; die Weigerung eine Parthie Diamanten zum Unterpfand gegen ein Anlehen von 200,000 Gulden von ihnen anzunehmen; die Widersetzung gegen ein Ansuchen des Oberamts Ettenheim, eine gerichtliche Verfügung gegen den Maire und den Procurator der Straßburger Gemeinde anschlagen zu lassen, aus Achtung für die gesetzmäßige, durch die fränkische Constitution errichtete öffentliche Staatsverwaltungen; die obrigkeitliche Wegnahme der Gegenrevolutionsschriften, deren Verkauf die Preßfreiheit zu autorisiren schien, welche auch einen sehr scheinbaren Vorwand für Magistratspersonen abgegeben hätte, die weniger von dem Verlangen beseelt gewesen wären, alles zu entfernen was die fränkische Nation beleidigen konnte, alles was sich nicht mit dem System der angenommenen Neutralität vereinbarte.

Allein, fügen die Stellvertreter Frankfurts hinzu, wenn auch einzelne durch kaufmännische oder strafbare Speculationen die Beförderer dieser uns nachtheiligen Unternehmungen sollten gewesen sein — muß man deßwegen eine ganze Stadt anklagen, eine ganze Stadt deßwegen strafen, welche, so sehr sie auch genöthigt ist, auf die Regenten des Reichs und den König von Preußen stets Rücksicht zu nehmen, nichts destoweniger bei jedem Anlaß die wenigst zweideutigen Gesinnungen für die vollkommenste Neutralität an den Tag gelegt; eine Neutralität, in welcher sie zu verharren sich vorgesetzt, der Reichstagsschluß über den Reichskrieg möchte beschaffen sein, wie er wolle, und welche Stadt durch ihr wohlwollendes Betragen gegen Frankreich sich des Dankes der Nationalversammlung werth gemacht hat.

Lassen Sie uns von diesen Beschuldigungen, wovon sich die Frankfurter auf eine so entschiedene Art reinigen, zu der Untersuchung des Betragens übergehen, welches sie bei der Annäherung unserer Armeen beobachtet haben. Mich dünkt, daß es durchaus die nachtheiligen Eindrücke hätte auslöschen sollen, welche jene übel gekannten Umstände gegen sie hervorzubringen vermochten. Sie kamen aus ihrer Stadt, boten uns brüderlich Frieden und Freundschaft an und leisteten uns alle Beihülfe, welche die Gastfreundschaft gewährt. Keine kriegerische Anstalt ließ von ihrer Seite das Vorhaben vermuthen, uns zu bestreiten oder unsere Feinde zu beschützen. Sie befanden sich in dem Zustande der Neutralität, welche einer freien Stadt zukommt, die zwar eingenommen und in den Krieg verwickelt werden kann, die aber keineswegs gesonnen ist, sich in politische Streitigkeiten zu mischen, an welchen Theil zu nehmen ihr System nicht zuträglich findet.

Lassen Sie uns hiernächst mit diesem Betragen der Stadt Frankfurt das Betragen verschiedener Städte, von welchen unsere Armeen Besitz genommen oder sie erobert haben, vergleichen, und sehen, ob nicht unter denselben jene die vorzüglichste Achtung verdiene. Genf z. B. welches ohne Angriff, ohne einige Bedrohung von unserer Seite, ohnerachtet der zwischen uns bestehenden Freundschaftsbündnisse und unserer wiederholten Versicherungen, jene so wie seine Unabhängigkeit zu respektiren, Genf tritt in das für uns höchst beleidigende Verhältniß einer Stadt, welche sich in Vertheidigungsstand gegen uns zu setzen genöthiget ward, es nimmt in seine Mauern fremde Truppen auf, und fordert treuloserweise die Theilnehmung einiger schweizerischen Kantone, mit welchen es unsere Verbindungen und unsere Würde in einen Widerspruch setzt, welcher für uns die widrigsten Folgen hätte haben können. Man tritt in Unterhandlungen mit dieser Stadt; man vergißt, daß sie unsere Redlichkeit mißkannt, daß sie unsern gerechten Unwillen gereizt; hat man sie einer militärischen Contribution unterworfen? Mit Nichten! Sind ihre Deputirten in den Schoos des Nationalconvents geeilt, haben sie sich unserer Gerechtigkeitsliebe und unserer Klugheit anvertraut? Auch dies nicht! Sie sind hinter ihren Mauern geblieben an der Spitze der Parthei, die mit unsern Feinden gemeinschaftliche Sache macht; sie haben die Flucht eines verdächtigen und durch ein Anklagedecret bereits gebrandmarkten Generals begünstigt, ja gar mit bewerkstelligt.

Wir wollen uns großmüthig zeigen; laut haben wir es geschworen: laßt uns also damit anfangen, daß wir billig sind; laßt uns durch Liebe, durch unsere Tugenden, durch die Erhabenheit unserer Grundsätze die Herzen erobern. Nur durch richtige Belehrungen, durch Einflößung des Gefühls der Unabhängigkeit, der Freiheit und Gleichheit wollen wir unsere Feinde bestrafen. Laßt uns über die Pforten unser Gesetz, diese unserer Revolution so sehr würdigen Grundsätze Thomas Payne's eingraben: „Unser neuer Zeitlauf fange mit Großmuth und Uneigennützigkeit an; Behauptung der Eintracht und Eroberung der Herzen sei zur Befestigung unseres Wohlstandes der einzige Zweck den wir uns zu erreichen vorsetzen."

Sehen Sie, lieber College, hier die Bemerkungen, welche das Lesen der mir von Ihnen mitgetheilten Schrift veranlaßt, und die mir gleichsam von selbst in die Feder geflossen. Sie werden die ganz natürliche Folge daraus ziehen, daß es die Gerechtigkeit, die Würde der Nation erfordert, die Frankfurter als Freunde, als Brüder zu behandeln, und sie von der Brandsteuer loszusprechen, die der brave Cüstine ihnen auferlegte, und wozu er durch seinen zu strengen Eifer, den Niemand billigen kann, verleitet worden". Unterzeichnet

„Roland."

Auch Joseph Gorani, Verfasser der Denkwürdigkeiten über Italien, hielt zweimal der Stadt vor dem Nationalconvente eine kräftige Schutzrede. „Ich weiß", sagte er, „daß Frankfurts Feinde die meinigen sind, sie schelten mich einen Aristokraten; sie geben vor, daß ich das Handgeld der Bestechung empfangen hätte, und was rufen sie mit dem allem dem Partheilosen in's Ohr; was anders, als die Fabel von der Schlange, die an der Feile nagt".*)

Seine Petition**) an den französischen Nationalconvent für die Einwohner Frankfurts lautet wie folgt:

„Frankfurt am Main, vom 6. November 1792.

Gesetzgeber, seit 22 Jahren, gewöhnt das Interesse der Menschheit gegen ihre Feinde zu vertheidigen, mußte ich mich sogleich, als Ihr die natürliche Rechte des Menschen zur Grundlage aller Eurer Gesetze angenommen hattet, Euch widmen. Ich würde mich des neuen Vaterlandes, das die Güte gehabt hat, mich unter die

---

*) Kirchner, Ansichten von Frankfurt Th. I. S. 148.

**) S. Frankfurter Kais. Reichs-Ober-Post-Amts-Zeitung vom Jahr 1792. No. 191—194.

Zahl seiner Mitglieder aufzunehmen, für unwürdig halten, wenn ich zögern würde, dem National=Convent anzuzeigen, daß seine philosophische Entsagung auf alle Eroberungen sein heiliger Grundsatz, das Eigenthum der Völker, die nicht in einem Kriege mit uns befangen sind, zu respectiren, seine Reputation, seine Ehre, und seine Gerechtigkeit durch die Contribution sehr gefährlich verletzt worden sind, die der General Cüstine aus zu großem patriotischem Eifer und durch Verläumdung gegen die Frankfurter hintergangen, von den Einwohnern von Frankfurt gefordert hat.

Als ich am 31. October in Frankfurt ankam, fiel mir die Traurigkeit der Einwohner sehr auf, von denen keiner die dreifärbige Cokarde trug und die ich doch von unsern eifrigen Vertheidigern der Freiheit umringt sahe. Ich fragte Männer, Weiber, Kinder, Greise, ob ihre Obrigkeit etwas feindseliges gegen die Franken begangen hätte, alle aber gaben mir einstimmig folgende Antwort:

Sobald wir wußten, daß die Franken ankämen, gingen wir ihnen entgegen, wir reichten ihnen Erfrischungen, wir empfingen sie als Brüder. Inzwischen hat ihr General, dem wir ebenfalls alle Höflichkeit erzeigten, uns eine Contribution von 2 Millionen Gulden auferleget, wovon die eine Hälfte schon bezahlt ist, und von der er seitdem den vierten Theil nachgelassen hat.

Ich hielte mein Urtheil über diese Klage und ihre Ursache zurück, bis die bedächtlichsten und genauesten Erkundigungen mich hinlänglich belehrt hatten, um die Wahrheit zu sagen; hier ist sie:

Der General Cüstine nennt keinen einzelnen strafbar, und ich sehe in seinen Klagen gegen die Frankfurter nichts als oberflächliche Beschuldigungen, kein positives Verbrechen, sogar kein Zeichen von einem Verbrechen von ihnen gegen die Franken, und ein Ankläger ist verbunden unwidersprechliche Beweise von der Aechtheit seiner Beschuldigungen und der Wirklichkeit der Verbrechen beizubringen, gegen die er die Strenge der Gesetze ansübt, oder aufruft.

Der General glaubte Billigkeit genug in seine militärische Execution dadurch zu bringen, daß er von der Contribution die Einwohner lossprach, die nicht über 30,000 Gulden im Vermögen besitzen. Aber 1.) wenn der General voraussehen konnte, daß in dem Augenblick, in dem die französischen Truppen Frankfurt verlassen haben würden, man die Contribution auf alle diejenige, die davon ausgenommen worden, erstrecken könnte, was für eine Rechnung ist alsdann das Volk von Frankfurt dem General von dieser Ausnahme abzulegen schuldig?

2.) Der General muß wissen, daß ohne einige Aufforderung noch Eingebung, Schneider, Schlächter, Schuster, Schreiner, arme Weiber, kurz alle Klasse von dem am wenigsten wohlhabenden Volke von Frankfurt sich geeilt haben in die Schatzkammer der Stadt ihren Geldvorrath in dem Augenblick zu tragen, als diese gute Leute gewußt haben, daß ihr Magistrat nicht hinlänglich baares Geld zur Contribution habe, und dabei sagten, daß sie nicht wollten, daß der Magistrat allein die Last trage, folglich nahmen die Armen an der von dem General auferlegten Strafe Theil. Ist diese Ungerechtigkeit durch den Nachlaß des 4. Theils der Contribution ausgelöscht?

Das Volk in Sachsenhausen, der Vorstadt Frankfurt, war eben so, wie das Volk in Frankfurt; war dem Augenblicke nahe um sein Recht des Widerstands gegen die Unterbrückung, gegen unsere Truppen auszuüben, und es wurde durch die väterliche Ermahnungen seiner Obrigkeit davon abgebracht.

Betrübt über das gar zu große Mißvergnügen der Frankfurter verbreiteten sich unsere Patrioten durch alle Classen dieses Volks um es zu besänftigen; sie thaten tausend Fragen um zu entdecken, ob die Obrigkeit, die reichsten Mitbürger sich nicht gegen die Franzosen durch einige Feindseligkeit strafbar gemacht hätten, und ob sie nicht selbst Ursache hätten, darüber mißvergnügt zu sein. Der Hauptinhalt ihrer Antworten war folgender:

„Jeder Mensch, der hier arbeiten will, ist versichert daß er Arbeit finde, und noch einmal so viel, als er zu seinem Unterhalte braucht, verdienen kann; es gibt in unserer Stadt reiche Stiftungen zur Unterstützung der Alten, der Kranken, der Blödsinnigen und der Waisen. Unsere Obrigkeit, die von uns und aus uns erwählt wird, thut niemals etwas wichtiges, ohne sich mit uns zu besprechen, sie regiert uns mit einer bewundrungswürdigen Weisheit, und wir sind ihr sehr ergeben. Nirgends wird die Gerechtigkeit genauer und unpartheiischer, als hier verwaltet. Nirgends findet man eine friedlichere und billigere Verwaltung."

Ich habe alle diese Thatsachen untersucht; sie sind ganz ächt. Frankfurt ist wirklich die am besten regierte Reichsstadt in Deutschland; man sieht daselbst keine Faktionen noch Unruhen, die Regierung übt kein Monopolium daselbst aus. Es giebt daselbst reiche Privatpersonen, aber die Republik ist arm, weil die gemeine Contribution sehr gering ist.

Um zu beweisen, daß es mit seiner Obrigkeit zufrieden ist, hat sich das Volk geweigert die dreifärbige Cokarde aufzustecken, die es nicht annehmen konnte, ohne sich undankbar gegen die Obrigkeit, und unempfindlich bei der ungerechten Brandschatzung, die man forderte, zu zeigen; es sagte auch, daß es dieß Zeichen der Brüderschaft nicht aus Händen annehmen könne, die mit einer Ungerechtigkeit besudelt wären.

Aus eben dem Grunde weigerte sich dieses Volk, den Freiheitsbaum in der Vorstadt Sachsenhausen und auf dem Marktplatz in Frankfurt aufzupflanzen.

Eben aus diesem Beweggrunde weigerten sich die ärmsten Familien dieses Volkes, Almosen, die der General unter sie austheilen wollte, anzunehmen, und sagten, dieses Geld gehöre ihrem Magistrat, und dieser allein könne darüber disponiren. Und diese Weigerung und die Ursache davon, ehren sie nicht dieses Volk eben so sehr, wie seinen Magistrat? Inzwischen wollen wir sehen, ob dieser Magistrat sich nicht etwas gegen uns hat zu Schulden kommen lassen.

Dürfen wir es dieser kleinen Republik zum Verbrechen machen, daß sich während der Krönung von Leopold und Franz die versammelten Fürsten und Minister mehr mit kriegerischen Planen gegen uns als mit der Krönung beschäftigten? Da müßten wir ja nicht wissen, daß solange diese Feierlichkeiten dauern, die Verfügung und Rechte des Magistrats in Frankfurt durch die deutsche Verfassung aufgehoben sind?

Wollen wir ihr zum Verbrechen machen, daß sie ihr Kriegscontingent gegen uns gestellt hat? Aber das ist der Reichsschluß durch die Stimmenmehrheit, dem sich keine Reichsstadt widersetzen darf, die man in solchen Fällen als ein einzelnes Glied des Staatskörpers betrachtet; ihre Weigerung würde sie der Reichsacht aussetzen, weil ihr Betragen für lehnspflichtwidrig und aufrührerisch erklärt werden könnte. Ueberdies hat die Stadt ja nicht einmal ihr Contingent gestellt.

Wenn einige Kaufleute zu Frankfurt den Preußen, oder Oesterreichern oder Emigriten Waaren geliefert oder angewiesene Gelder an sie ausgezahlt haben, kann man da allen Einwohnern dieser Stadt die unschuldigen Handlungs-Operationen zu einem Verbrechen anrechnen. Der Verkäufer erkundigt sich nirgends ob der Käufer ein Aristokrat oder ein Demokrat ist, wo er her sei, welche Religion er habe; wäre dabei nicht eben so viel Niederträchtigkeit als Ungerechtigkeit einige mercantilische Operationen in Verbrechen zu verwandeln, um daraus einen Vorwand zu haben, um Geld zu fordern?

Würden wir uns unterstehen England, Holland, den Krieg anzukündigen, weil einige englische oder holländische Kaufleute den Emigrirten einige Waaren verkauft, oder ihnen Wechselbriefe ausbezahlt hätten?

Sollen wir der Stadt Frankfurt ein Verbrechen daraus machen, daß sie Achtung für die Fürsten und Churfürsten hatte, von denen der schwächste sie zerschmettern könnte; für den Kaiser und das Reich, dessen Vasall sie ist? Ist es nicht für diese kleine handelnde Republik von der größten Wichtigkeit, Mächte, die sie unterdrücken und vernichten können zu schonen?

Endlich der Vorwurf einer aristokratischen Zeitung. Er ist unter der Würde einer freien Nation.

Wo sind also die Beweggründe zur verlangten Contribution? Wir wollen nun sehen, was für traurige Wirkungen für den Handel von Europa und unser patriotisches Interesse daraus entstehet.

Der Handel in Frankfurt ist blos Commissionshandel. Die Stadt hat jährlich 2 beträchtliche Messen, auf denen die Kaufleute aller Nationen Europens sich einfinden; sie dient ihnen zur Niederlage ihrer Waaren, und zu derselben Tausch. Das dieser Stadt durch obgedachte Contribution weggenommene Geld würde einen unbegreiflichen Schaden dem Handel aller dieser Nationen verursachen, die folglich uns hassen würden.

Unsere Feinde, und hauptsächlich die Geistlichen ziehen aus dieser ungerechten Contribution den Beweis daß wir Räuber sind, die ihre Freunde ebenso, wie ihre Feinde plündern.

Endlich zernichtet diese Ungerechtigkeit den guten Namen, den wir in Worms, Speier, Mainz und in der Pfalz verdient haben;

und welch ein Unglück wäre es für die Völker, die unsere Hülfe nöthig haben, wenn sie ihr Vertrauen auf uns verlieren sollten!

Schließlich wollen wir sehen, ob diese ungerechte Contribution nicht zu gleicher Zeit eine Thathandlung der Undankbarkeit von unserer Seite gegen die Stadt Frankfurt sein würde.

Die Stadt Frankfurt hat nicht allein um uns sich nicht unverdient, sondern unserer Erkenntlichkeit sich würdig gemacht. Folgendes ist der Beweis:

Der Frankfurter Magistrat hat Rekruten von dem Regiment Wittgenstein, das den Emigrirten gehörte, arretiren und entwaffnen lassen: freilich hat er dieselben dem Wiener Hofe, der sie zurückforderte, zugestellt, aber damals, als dieses geschahe, hatte das Haus Oesterreich uns den Krieg noch nicht angekündigt.

Genöthiget, Rücksicht für den Kaiser, für das Reich, und für die an sie grenzenden Fürsten zu haben, und so versichert die Frankfurter auch waren, daß sie Preußen und Oestreich gefallen würden, wenn sie sich gegen uns erklärten, so haben sie doch keine unserer Revolution widrige Gesinnungen gezeigt; sie blieben ganz genau neutral; sie wollten niemals Sammlungen der Emigrirten bei sich dulden; sie haben keinen derselben mit Vorzug aufgenommen; sie haben dieselben immer vermieden.

Die französischen Prinzen haben Kanonen und Flinten von ihnen verlangt, sie haben es aber abgeschlagen. Diese nämliche Prinzen haben von ihnen ein Anlehen unter den vortheilhaftesten Bedingungen verlangt, und noch Diamanten, die noch einmal so viel werth als die verlangte Summe waren, zum Unterpfande geben wollen; die Frankfurter schlugen es ab.

Endlich, unsere Gesetzgeber haben es sich zu einer angenehmen Pflicht gemacht, Dankbezeugungen gegen die Frankfurter für alle diese Beweise der Wohlgewogenheit gegen uns zu decretiren; wenn wir damals noch wegen unsers Schicksals noch ungewiß waren, darf der Sieg uns zu Ungerechten, Undankbaren und Unterdrückern machen?

Eilet euch, Gesetzgeber, den Frankfurtern Gerechtigkeit widerfahren zu lassen. Laßt uns nicht gegen die Fremden uns einer listigen Jurisprudenz bedienen, die wir selbst verbannt haben. Laßt uns nicht zugeben, daß unsere Generäle Tyrannei ausüben, da sie

uns die Geißel der Tyrannen und die Befreier der Völker an=
kündigen. Laßt uns unsern Grundsätzen gemäß uns zeigen.

Ist es hinlänglich bewiesen, daß die Beschuldigungen gegen Frank=
furt keinen Grund haben, daß die Bürgerschaft Achtung verdient, weil
sie edel genug unser Bruderzeichen und unser Allmosen nicht annahm,
weil sie mit Geldbeiträgen ihren Magistrat unterstützte, weil derselbe
Magistrat durch seine kluge Vorsicht den Vorwürfen zuvorkam, die
uns niederbeugen würden, wenn die Anhänglichkeit seiner Mitbürger,
wenn ihr Widerstand gegen Unterdrücker Blutvergießen veranlaßt
hätte; noch mehr, verdienen die Merkmale des Wohlwollens der
Frankfurter Bürger gegen uns unsern Dank, unsre Erkenntlichkeit:
o so müssen auch wir auf's neue ihre Achtung, ihr Zutrauen, ihre
Freundschaft verdienen, und unsern Fehler zurücknehmen, der ihnen
Kummer macht. Gesetzgeber, befehlen Sie Wiedererstattung der be=
zahlten Summen! dann hat der General Cüstine ein neues Verdienst
um uns, wenn wir durch ihn Veranlassung erhalten, unsre National=
redlichkeit und die Reinheit unsrer Moral zu erproben. Diese
Probe der Gerechtigkeitsliebe wird die Zahl unserer Feinde ver=
mindern, uns neue Freunde machen, das Ansehen unserer Consti=
tution befestigen und uns den Beifall aller Menschen von Geist
und Herz erwerben.

Ihr Decret, Gesetzgeber, ehrend für uns und die Frankfurter,
wird in's Deutsche übersetzt, und bald in allen Städten Deutschlands
mit Rührung und Dank gelesen werden; es wird daselbst alle Thore
unsern Armeen öffnen, sobald sie sich mit der Fahne der Freiheit
nähern".

Diese Stimmen verklangen erfolglos. Die Deputation wurde
verhaftet, mußte mehrere Monate lang zwischen Todesfurcht und
Lebenshoffnung hinbringen und erhielt erst mit Ausgang des über
Ludwig XVI. verhängten Processes ihre Freiheit wieder. Des
Königs Todestag war ihr Befreiungstag*.)

Um den fühlbar gewordenen sinkenden Verkehr zu heben, ver=
öffentlichte am 23 November General Cüstine folgenden Schutz=
brief:**)

---

*) Heyden, Gallerie berühmter und merkwürdiger Frankfurter. S. 170.
**) Frankfurter Staatsristretto 184. Stück. vom 26. November 1792.

„Wir Adam Philipp Cüstine, französischer Bürger, erster kommandirender General der Armeen der französischen Republik, im obern und niedern Rhein, im Mittelpunkt des Reichs und in Deutschland.

Nachdem wir völligen Schutz und vollkommene Sicherheit allen Fuhrleuten und Schiffern, welche Kauffmanns-Güter aus Hannover, Hessen und angrenzenden Ländern, wie sie immer heißen mögen, nach Frankfurt bringen werden, sowohl für ihre eigene Person, als auch für ihre Wagen, Pferde und Schiffe zugestanden, ohne daß ihnen die geringste Hindernisse in Weg gelegt werden, noch jemand sich unter irgend einem Vorwande, ihrer Wagen, Pferde und Schiffe bemächtigen dürfe: um dieser Ursachen willen, und um einen neuen Beweis von unserm Verlangen zu geben, das Eigenthum und die Besitzungen anderer zu respectiren, und den freien Lauf der Handlung, in seinem ganzen Umfange, in den mit französischen Truppen besetzten Ländern zu beschützen; machen Wir hierdurch kund und befehlen allen und jedem Militär, die unter unserm Befehlen stehen, und allen denjenigen, denen dieses zukommen wird, sich nach unserm Willen und Meinungen zu richten, benannte Fuhrleute und Schiffer, nebst ihren Wagen, Pferden, Schiffen und Gütern, denjenigen Schutz genießen zu lassen, den wir ihnen zugestanden haben, und nicht zu erlauben, daß ihnen die geringste Gewalt oder Verhinderung angethan werde, sondern ihnen im Gegentheil alle mögliche Hülfe und Beistand zu leisten."

Gegeben zu Frankfurt, den 23 November 1792, im ersten Jahr der fränkischen Republik.

Für den kommandirenden General en chef.

Der Generalmajor, Kommandant der

französischen Truppen,

Van Helden!"

Zu den von Seiten der Franzosen gegen die Stadt Frankfurt gerichteten Beschuldigungen, gesellten sich auch Verläumbungen durch Zeitungsartikel etc. So sah sich der Magistrat am 10. Nov. zu folgender Erklärung*) genöthigt:

---

*) Frankfurter Staatsristretto 177. Stück. vom 12. Nov. 1792.

„Die in einigen auswärtigen Zeitungen gestandene Nachrichten daß der Magistrat hiesiger Stadt dem fränkischen Herrn General ein Don Gratuit angeboten oder gegeben, oder gar mit einer Summe Gelds entgegen gegangen sei, auch eine solche vor Einrückung der fränkischen Truppen in der Stadt, in Bereitschaft gehalten habe, werden hiermit für baare Erdichtungen aus zuverläßiger Quelle erklärt".

Bezüglich französischer Seits gegen Frankfurt vorgebrachten Beschuldigungen machte der Magistrat Folgendes*) bekannt.

„Nachricht ans Publikum.

Es hat Ein Hochedler Rath mit größtem Befremden vernehmen müssen, daß die schmähliche Beschuldigung neuerlich auswärts verbreitet worden, als ob von hiesigen Einwohnern und Angehörigen nicht allein falsche, angeblich von den Königlich-französischen Prinzen verfertigte Assignate in Umlauf zu bringen gesucht, sondern auch dergleichen Assignate selbst dahier fabricirt worden seien.

Gleichwie nun Ein Hochedler Rath wider diejenige, welche sich wider alle bessere Zuversicht solcher Verbrechen schuldig gemacht haben mochten, mit Inquisition und verdienter Strafe zu verfahren seinem obrigkeitlichen Amte gemäß sich verpflichtet findet; so siehet derselbe sich veranlaßt, nicht nur alle diejenigen, welche rechtliche zu Begründung einer legalen Inquisition dienende Anzeige in Absicht gedachter Verbrechen anzugeben vermöchten zur gerichtlichen Denunciation von Obrigkeits wegen öffentlich hiermit aufzufordern, sondern auch den Denuncianten, welche die zu Ueberführung der benunciatorum rechtserforderlichen Beweise darbringen werden, besonders aus dem hiesigen Stadt-Aerario zu verabreichende Belohnungen, und zwar auf den Fall.

a.) Daß von den hiesigen Einwohnern und Angehörigen die angeblich von den Königlich-französischen Prinzen verfertigte falsche Assignate, wissentlich in Umlauf zu bringen gesucht worden, von 200 Reichsthaler.

b.) Daß von hiesigen Einwohnern und Angehörigen falsche Assignate dahier fabricirt worden von 500 Reichsthaler: und in dem Fall

---

*) Frankfurter Staatsristretto 187. Stück. vom 30. Nov. 1792.

c.) daß solche Verbrecher handfest gemacht, und der hiesigen Obrigkeit, um wider dieselben nach Befinden mit verwirkter Leibes= oder Lebensstrafe verfahren zu können überliefern würden, noch weiter, von 1000 Reichsthaler, mit dem Beifügen zuzusichern, daß mehrere hiesige Handelshäuser, welchen wegen ihres starken Handelsverkehrs mit Frankreich vorzüglich daran gelegen ist, daß obiger so grundloser als schädliche Verdacht gänzlich vertilgt werde, die ausgesetzten Praemia mit einer gleichen Summe aus ihrem Privatvermögen zu vermehren sich entschlossen und erboten haben.

Man hat demnach solches zu jedermanns Wissenschaft und Bemessung hierdurch öffentlich bekannt zu machen, und die obrigkeitliche Versicherung zu ertheilen nicht entstehen wollen, daß, so bald der oder die Denunciati des ihnen beigemessenen Verbrechens rechtlich überführt und respective dahier eingezogen sein werden, dem Denuncianten die ausgesetzte doppelte Prämie alsbald zugestellt werden solle.

Frankfurt, den 24. November 1792.

Stadt=Canzlei dahier".

Während die Preußen und Hessen von der unteren Lahn aus gegen Cüstine vorrückten, verlebten die Einwohner Frankfurts Tage der Besorgniß und der Erwartung der kommenden Dinge. Cüstine, der sich an der Nied bei Oberursel verschanzt und Homburg besetzt hatte, zog sich am 23. November mit der Hauptmacht nach Höchst zurück, wo er ein großes Lager aufschlug. Der linke Flügel erstreckte sich bis gegen Königstein und Oberursel, der Rechte war durch den Main geschützt, die Fronte durch die Nied. Die Vorposten standen in Sulzbach, Sossenheim, Nöbelheim u. a. O. Hier, wo Cüstine die Deutschen erwarten wollte, wurden die französischen Truppen zusammengezogen; in Frankfurt blieben nur etwa 1800 Mann mit zwei Mainzer Kanonen, unter dem Befehl des General van Helden. Bornheim war noch schwach besetzt.

In seiner Selbstüberhebung und gänzlichem Verkennen der Umstände hatte Cüstine an den heranrückenden König von Preußen folgendes Schreiben gerichtet:

„Aus dem Hauptquartier, den 19. November 1792, im ersten Jahre der fränkischen Republik*).

Sire! Durch welches Verhängniß muß doch gerade einer der ersten Bewunderer von den Thaten der preußischen Nation, der an des Königs Ruhm am innigsten Antheil nehmende französische Bürger dazu bestimmt sein, gegen diejenigen als Feind aufzutreten, welche ihr eigener Vortheil zum Bündniß mit der französischen Republik einladet! Aber ein Bündniß zwischen Oesterreich und Preußen: Ach! Sire, hätte ich das je ahnen können, als ich Ew. Majestät von den Entwürfen jenes ehrsüchtigen Hauses benachrichtigte, von diesen noch gar nicht zurückgenommenen Entwürfen. Es sei mir erlaubt, dem Könige es zu sagen: ein solches Bündniß ist ein politisches Ungeheuer. Mein Schicksal will es nun einmal, daß ich gegen Ihre Truppen kämpfe, Sire! und so muß ich es mit der Kraft thun, welche eine heilige Pflicht dem Bürger einflößt. Aber welche traurige Bestimmung, gegen Soldaten zu fechten, die durch unerhörte Strapazen erschöpft sind, während welcher sie die nothwendigsten Lebensbedürfnisse entbehren.

Wollten Ew. Majestät wohl Ihre Staaten entvölkern, um diese aufgeriebene Armee zu rekrutiren, da Sie so leicht den ganzen Verlust des unglücklichen Feldzugs, wozu die Unbesonnenheit der Emigrirten Sie verleitet hat, zu ergänzen im Stande sind? Gibt nicht der mit dem größten Rechte von seinen Unterthanen verabscheute Fürst dazu dem Könige das beste Mittel an die Hand? Richten Ew. Majestät den Rückzug Ihrer Truppen durch Hessen; lassen Sie dieselben allenthalben verweilen, wo hessische Truppen sind, und lassen Sie diese letztern gleich auf der Stelle der preußischen Armee einverleibt werden, um den durch Krankheiten erlittenen Abgang zu ersetzen. Nehmen Sie den Landgraf von Hessen mit sich und stellen ihn in Ihrer Armee an; er wird sich nur zu glücklich dünken, so wohlfeilen Kaufs das Unglück dieser Armee wieder gut machen zu können. Von seinen Schätzen rede ich nicht; es klebt das Blut seiner Unterthanen daran. Um diesen schändlichen Fleck abzuwaschen, gibt es nur ein Mittel: sie zu einem Kriege zu verwenden, der auf Vernichtung des Hauses Oesterreich ginge, welcher Zweck für Ew. Majestät noch wichtiger als für Frank-

---
*) Abgedruckt in der Berliner Hofzeitung vom 20. December 1792.

reich ist. Europa würde diese Politik segnen, und ich, Sire! würde mich glücklich schätzen, Ihnen den Leitfaden dazu gegeben zu haben. Nichts würde vollends meinem Glücke fehlen, Sire, wenn Ew. Majestät mir den großen Beweis Ihres Zutrauens schenken wollten, mir 300 Preußen unter Anführung geschickter Offiziere zu überlassen mit denen ich gerade an dem Tage, wenn die Einverleibung der hessischen Truppen vor sich ginge, die Festung Ehrenbreitstein einnehmen würde. Ich verdanke Ihnen dann ein Ereigniß, das für Ew. Majestät von den nützlichsten Folgen sein müßte. Bedenken Sie, Sire, daß die schnelle Ausführung dieses Plans der in Flandern stehenden österreichischen Armee unwiederbringlich den Weg nach Deutschland versperren und dadurch Ew. Majestät in Stand setzen würde, gegen das Haus Oesterreich mit einer Armee weniger, und mit den hessischen Truppen mehr, aufzutreten.

Ohne Zweifel, Sire, werden Sie in diesem Briefe blos meinen Eifer für Preußens Beste, und einen Dienst für den Ruhm einer Nation, welche Ruhm verdient hat und welche von Ew. Majestät beherrscht wird, sehen.

Der französische Bürger und General der Armeen der Republik
Cüstine."

Am 28 November wurden sowohl die Einwohner von Frankfurt als die französische Besatzung dieser Stadt mit der Nachricht überrascht, daß die Preußen und Hessen in der Nähe der Stadt seien. In der That hatten sich diese in aller Stille der Stadt genähert. Schon in den ersten Stunde des Nachmittags kamen die von den preußischen Eben'schen Husaren von der Friedberger Warte aus zurückgedrängten französischen Vorposten, vor den Wällen der Stadt an. Mehrere Franzosen wurden verwundet und gefangen. Die Preußen und Hessen hatten unversehens die ganze Linie von der genannten Warte bis Bergen besetzt. In letzterem Orte stand der preußische General-Lieutenant, Graf von Kalkreuth*). Dieser

---

*) Wir folgen hier dem Aufsatz „Authentische Nachricht vom Uebergang der Reichsstadt Frankfurt aus französischen Händen an die deutsche vereinigte Königl. Preußische und Hochfürstl. Hessische Kriegsvölker. Am 2. December 1792." Abgedruckt in Meisingers „Neue Frankfurter Chronik", sowie dem darin aufgenommenen „Tagebuch von der Einnahme Frankfurts durch die Neufranken, in Briefen 1793", den Nachrichten des „Frankfurter Staatsristretto von 1792" und Klein's Geschichte von Mainz S. 271 u. ff.

schickte Abends 4 Uhr den Obristlieutenant von Pellet mit einem Trompeter in die Stadt um die französische Besatzung zur Uebergabe und zum freien Abzug aufzufordern.

Von dem Eschenheimerthor, durch welches der preußische Offizier kam, nach der Wohnung des französischen Commandanten, General van Helden, wurde der Abgesandte des Grafen von Kalkreuth vielfach mit lautem Vivat und mit dem Rufe: Es lebe der König von Preußen! begrüßt. General van Helden, der Hülfe durch General Cüstine erwartete, gab eine abweisende Antwort.

Van Helden benachrichtigte sofort den General Cüstine von der Aufforderung und erhielt von diesem hierauf folgendes Schreiben:

„Höchst, am 28 November 1792.

Bürger General!

Auf eine Unverschämtheit, wie die des preußischen Generals, antwortet man blos durch Ironie; daher übersende ich Ihnen meinen an diesen preußischen General geschriebenen Brief.

Ich bin hier in Ihrer Nähe und werde meine Stellung nicht anders verlassen, als wann das Waffenglück mich dazu nöthigen sollte; dann haben Sie Schiffe und Bajonette, um sich durchzuschlagen.

Bedenken Sie, daß ein Republikaner mit Sklaven, mit Despotenknechten nicht kapituliren darf; es ist nur eine Wahl, nämlich zu siegen oder zu sterben.

Sollte die Stadt Frankfurt sich rühren, so legen Sie Feuer in die Stadt, entwaffnen Sie die Besatzung und erfüllen Sie meine Drohung, wenn sich die Stadt rührt.

Ich bin kein Freund von heftigen Maßregeln, und noch weniger von furchtsamen und feigherzigen Menschen.

Diese Menschen kriechen vor der Macht; wohlan zeigen Sie Macht, damit die Frankfurter Kapitalisten kriechen mögen.

Morgen gegen Abend werde ich bei Ihnen sein.

Der General der Armeen
Cüstine."

Das beigelegte Schreiben an den preußischen General lautete:

„Am 28. October 1792.

Ich erfahre Herr General, daß Sie so artig und höflich sind,

den französischen Truppen und dem Kommandanten gefälligst vor=
zuschlagen, daß sie Frankfurt übergeben sollen, damit kein Blut
fließen möge.

Ich, der ich an Höflichkeit nichts nachgeben will, werde die
Ehre haben, Ihnen die Antwort des französischen Kommandanten
selbst zu überbringen.
Der kommandirende General der Armeen der Republik
Cüstine."

Unterdessen hatte der General van Helden die Schlüssel zu
den Zeughäusern, so wie das vorräthige Pulver (letzteres gegen
Bezahlung) verlangt. Der Rath veranlaßte zwei Deputirte dem
General van Helden wissen zu lassen, daß man kein vorräthiges
Pulver habe, die Ablieferung von Munition aber überhaupt, so
wie die Eröffnung der Zeughäuser nach den einmal gefaßten Grund=
sätzen auf das Standhafteste verweigern müsse, dem General viel=
mehr wegen der etwa vorhabenden Vertheidigungsanstalten Vor=
stellung zu machen und ihn zu ersuchen, alles aufzuwenden um die
Stadt vor aller Gefahr zu behüten. Die Deputirten referirten aber
bald dem Rath über ihre Ausrichtung, was sie theils vom General
van Helden, theils vom Adjutanten Fischer vernommen, nämlich
daß Ersterer vom General Cüstine die gemessenste Ordre habe, sich
des hiesigen groben Geschützes und der Munition zu bemächtigen
und sich zu vertheidigen, indem General Cüstine in der Nähe bleiben
und ihn unterstützen würde. Alle dawider gemachte Vorstellungen,
daß die Stadt nicht so befestigt sei, daß sich keine Besatzung darin
halten könne, und was außerdem noch daraus entstehen könnte,
wenn er die Stadt dem Beschießen aussetzen wollte, hätte bei ihm
kein Gehör gefunden, indem er vielmehr standhaft erklärt habe,
daß er nichts thun und nichts unterlassen dürfe, was seiner auf=
gegebenen Ordre zuwider laufen, oder seine Ehre im mindesten kom=
promittiren könne.

Als General van Helden, der sich übrigens wegen seines guten
Betragens und gehaltener guter Ordnung allgemeine Achtung er=
worben, bald darauf selbst und von einigen Offizieren begleitet in
das Rathhaus kam, um vornehmlich wegen des verlangten Pulvers
seine Aufforderung zu wiederholen, versuchten Bürgermeister und
Rath nochmals, ihn von den Vertheidigungsanstalten abzubringen und

beharrten enblich auf obiger Weigerung, worauf Jener, von seiner
Ordre und dem was Dienst und Ehre von ihm fordere, nicht ab=
weichen zu dürfen erklärte. Bei diesen wechselseitigen Äußerungen
blieb es vorläufig. Der Rath beschloß noch denselben Abend die
Deputirten an den General, Grafen von Kalkreuth abzuschicken, um
durch zeitige Vermittlung die drohende Gefahr einer gewaltsamen
Einnahme der Stadt abzuwenden. Die Abgeordneten kamen Nachts
um 11 Uhr in dem preußischen Hauptquartier zu Bergen an und
erhielten vom General Grafen von Kalkreuth die beruhigende Ver=
sicherung: „daß er vor der Hand nichts gegen die französische Be=
satzung unternehmen, vielmehr derselben — um die Stadt nicht den
mit einem gewaltsamen Angriff und vergeblichen Widerstand ver=
bundenen Schrecken und Gefahren auszusetzen — gern den freien Ab=
zug mit ihrer gesammten Equipage zugestehen werde, wenn sich der
französische General mit seinen Truppen nur bis den folgenden
Mittag aus der Stadt ziehen wolle, indem bis dahin Seine Preu=
ßische Majestät mit dem Corps d'Armee in der Gegend eintreffen
würden, und das weitere nicht mehr von ihm, dem General, son=
dern lediglich von der Disposition des Königs abhing. Indessen
habe er — um den Abzug der französischen Garnison weniger zu
geniren — bereits seine Vorposten eingezogen, und könne es geschehen
lassen, daß der General van Helden dieses erführe, damit derselbe
seine Maßregeln darnach nehmen könne."

Die Deputirten kehrten in der Nacht wieder zurück, referirten
dem noch versammelten Rath und gingen noch in derselben Nacht
(um 2 Uhr Morgens) zum General van Helden um diesem von
den Geschehnissen Bericht zu erstatten. Der General begegnete ihnen
freundlich und erwähnte nichts mehr von den Geschütz= und Muni=
tionsforderungen, ebensowenig von der Vertheidigung der Stadt.

Trotzdem wurde am andern Morgen gegen 8 Uhr durch ein
Detaschement Linientruppen der Versuch gemacht, das im Rahmhof=
Zeughaus befindliche städtische Geschütz mit Gewalt hinwegzuholen
und zu diesem Behuf waren schon die Thüren gesprengt, als sich
die Volksmenge dorthin drängte um dieses Vorhaben mit Gewalt
zu vereiteln. Den eindringlichsten Abmahnungen des Magistrats
und vornehmer Bürger ist es zu verdanken, daß es zu keinen
Thätlichkeiten kam und das französische Detaschement zwar unver=
richteter Sache, aber ohne Insultirung still und in aller Ordnung

abziehen konnte. General van Helden entschuldigte sich damit, man habe das im Zeughaus aufbewahrte, der französischen Besatzung gehörige Fleisch abholen wollen. Hiermit war die Sache abgethan.

Man entschloß sich jetzt dem General Cüstine dringende Vorstellungen zu machen, als am Nachmittag um 4 Uhr der General selbst unvermuthet mit etwa 15 Mann Begleitung in der Stadt eintraf, an der Hauptwache abstieg und sich mit seiner Begleitung sofort nach dem Römer begab, wo der Rath beständig versammelt war. Eine große Volksmenge strömte ihm nach bis unter die Hallen. Die regierenden und vorjährigen Bürgermeister empfingen ihn und führten ihn in das Audienzzimmer woselbst er kurze Zeit verkehrte und eine feierliche Erklärung ablegte, deren wesentlicher Inhalt folgender war:

„Er sei in dem gegenwärtigen kritischen Zeitpunkt darum hierhergekommen, um dem Magistrat anzuzeigen, daß er sich genöthigt sähe, die mit seinen Truppen in hiesiger Gegend genommene Position zu behaupten, und er daher mit jedem Augenblick den Angriff von jener Seite gewärtigen müsse. Da sich indessen nach der gegenwärtigen Stellung der schauerliche Schauplatz von einem entscheidenden Treffen in der Nähe bei der Stadt eröffnen könnte, so habe er in dem Augenblick nichts angelegeneres zu thun, als dem Magistrat zur Beruhigung der Bürgerschaft die feierliche Versicherung zu ertheilen, daß — die Schlacht möge entscheiden, für welche Seite sie wolle — die Stadt Frankfurt dennoch vor aller Gefahr gesichert bleiben solle, indem sich auf den unglücklichsten Fall seine Truppen dahier nicht halten, und die Stadt also keiner Belagerung aussetzen sollten, daß also kein Schuß auf die Stadt geschehen, und die französische Garnison in aller Stille, und ohne den mindesten Schaden zu thun, abziehen würde."

Die Bürgermeister dankten dem General für diese beruhigende Erklärung und empfahlen ihm das Wohl und die Schonung der Stadt nochmals aufs dringendste. Beim Abschied versicherte er, daß beim National-Convent, wo er sich bereits wegen der Contribution verwendet habe, er auch die zur Erhaltung der öffentlichen Ruhe von Seiten der Stadt getroffenen Maßregeln hervorheben werde. Als der General aus dem Römer trat, war er von dem Bürgermeister Mühl und Dr. Schweizer begleitet; er war entblößten Hauptes. An der Hauptwache, wohin er sich zu dem

General van Helden begeben hatte, stieg er zu Pferde und ritt nach Höchst zurück. Ihm folgten die Bagage= und Munitionswagen, die noch in der Stadt waren.

Der Magistrat ließ sogleich folgende beruhigende Erklärung durch Druck fördern und von Haus zu Haus vertheilen:

„Ein Hochedler Rath macht mit besonderem Vergnügen seinen lieben Mitbürgern nur mit wenigem eilends bekannt, daß der Herr General Cüstine soeben in keiner andern Absicht hierher und in Person in den Römer gekommen, als um die Versicherung zu er= theilen, daß, wenn er allenfalls in der Nähe dieser Stadt zu einer Schlacht genöthigt werden sollte, gleichwohl von seiner Seite die hiesige Stadt dabei wegen aller Beschädigung von den Kanonen und wegen aller Furcht einer Belagerung auf jeden Fall voll= kommen sicher und beruhiget sein könne.

Daher um so mehr die liebe Bürgerschaft nochmals wiederholt ermahnt wird, sich und die Ihrigen ganz ruhig zu halten, und bei einer vorfallenden Aktion aller schädlichen oder gar gefährlichen Neugierde zu enthalten.

Frankfurt, den 29. November 1792, Abends 5 Uhr.
Stadt=Canzley."

Am 30. November wurden einige 50 Preußen, die in der Gegend von Trarbach von den Franzosen überfallen und gefangen worden waren (sie waren bei dem raschen Rückzug der Preußen krank in Verdun zurückgelassen und sollten auf Schiffen der Mosel herab geschafft werden), eingebracht. Sie wurden von allen Vorüber= gehenden reichlich beschenkt. Inzwischen vergingen, mit Ausnahme von Neckereien der Vorposten die Tage ruhig, bis endlich der 2. December das Schicksal Frankfurt's entschied.

Es war der erste Advent=Sonntag. Die Einwohnerschaft ahnte nicht, daß dieser Tag ein Tag des Kampfes werden sollte. Die Gemeinden hatten sich ruhig in ihren Kirchen zum Frühgottesdienst eingefunden, als die Ruhe plötzlich durch heftiges Schießen unter= brochen wurde.

Nach dem Frankfurter Staatsristretto, (192. Stück vom 8. December 1792) waren die Deutschen in zwei Hauptcolonnen, jede von einem Grenadier= und drei anderen Bataillonen an jenem Morgen früh in aller Stille herangerückt. Die erste Collonne unter dem

Generallieutenant von Biesenrodt und Generalmajor von Wurmb gegen das Friedberger-Thor, die zweite unter dem General von Hanstein über Bornheim gegen das Allerheiligen-Thor. Die Cavallerie unter dem General von Dalwigk und Oberst von Schreiber folgte beiden Colonnen. Die Hessen-Darmstädtische Cavallerie ging über den Main und rückte gegen Sachsenhausen vor, um den Franzosen den Rückzug abzuschneiden. Ein anderes hessisches Bataillon ging von Hanau in bedeckten Schiffen ab, kam indeß zur Aktion zu spät.

Um 9 Uhr begann das Feuer aus Kanonen und Mörsern, die französische Besatzung leistete heftigen Widerstand. Die Kugeln und Granaten flogen anhaltend und in großer Menge in die Stadt, wo sie starke Verwüstung anrichteten*). Es war Alles aus den Kirchen geeilt und die Einwohner brachten die Ihrigen in ihren Häusern in Sicherheit. Die muthigeren Männer ließen sich von der Neugierde in die Nähe der Kampfstätten treiben. In einigen Theilen der Stadt hatten sich kleine Volkshaufen gesammelt, meist Handwerksbursche, die sich nach dem Friedberger- und Allerheiligen-Thor und der Zeil vor das Hauptquartier des Kommandanten drängten, sie waren alle unbewaffnet. Von diesen Schaaren geschah es, daß den von den Wällen zurückkehrenden französischen Soldaten die Gewehre abgefordert wurden, was diese meist gutwillig, einige nicht ohne Widerstand thaten. Die Anzahl dieser weggenommenen Gewehre mochte etwa 40 betragen. Es konnte dabei nicht fehlen, daß einzelne Mißhandlungen vorkamen.

Indessen hatte die Beschießung der Stadt bereits eine volle halbe Stunde gedauert und General van Helden schien es auf das Aeußerste ankommen lassen zu wollen, indem er noch die zwei vor seinem Quartier stehenden Feldstücke nach dem Friedberger Thor schaffen ließ, ebenso beorderte er dorthin sein aus etwa 100 Mann bestehendes Reservecorps. Diesem Beginnen stellten sich jetzt die Volksmassen ernstlich entgegen. Sie wandten die Pferde um, fuhren die Kanonen zurück nach der Peterskirche, schnitten die Zugstränge ab, schlugen die Räder von den Lafetten und ließen die Trümmer auf der Straße liegen. General van Helden kam selbst zu diesem

---

*) Etwa 70 Häuser wurden mehr oder weniger beschädigt.

Schauspiel, wagte aber nicht und namentlich auf die Ermahnungen besonnener Bürger hin, die Volkswuth noch mehr zu reizen. Er zog sich in sein Hauptquartier zurück. Die Bürger drängten sich hier zu ihm und baten und beschworen den General diesem Greuel ein Ende zu machen. Auch die Deputirten gaben ihm das Befremden des Magistrats und der Bürgerschaft über sein Benehmen lebhaft zu erkennen, das sich mit den Versicherungen des Generals Custine nicht vereinbaren lasse. Van Helden erklärte, daß er eben einen Trompeter vor das eine Thor abgefertigt und noch einen andern von der Stadt verlangt habe, um denselben an das andere Thor zu schicken. Der Stadttrompeter wurde herbeigeschafft und auch vom General abgefertigt. Die beiden Deputirten verließen jetzt den General nicht mehr, theils um ihn selbst vor der, durch den Ausbruch eines Brandes zunehmenden Unruhe zu sichern, theils um das Volk mit der Zusage, daß die Gefahr bald vorüber sei zu beruhigen.

Inzwischen erlitten die Hessen vor dem Friedberger Thore durch das Feuer der durch Brustwehren geschützten Franzosen starke Verluste, die den Ruf nach Rache nur noch vermehrten. Die Hessen drangen immer weiter vor. Der nach dem Friedberger Thor' beorderte Trompeter vermochte des heftigen Feuers wegen nicht hinaus zu gelangen. Plötzlich sank die Zugbrücke (einige verwegene Männer hatten sich durch das innere Thorgewölbe geschlichen, und dieselbe ohne auf das auf das Thor gerichtete Feuer zu achten, niedergelassen) und die Hessen schlugen die Gattern ein und drangen in die Stadt.

Den nach dem Allerheiligenthor abgeschickten Stadt-Trompeter wollte der dort wachehabende französische Offizier nicht hinauslassen, da er dazu keine Ordre vom General und der Trompeter keine Ordonanz bei sich hatte. Alle Versicherungen über seine Sendung durch den General halfen nichts, der Offizier suchte den Trompeter sogar mit Pistolen zurückzuweisen. Unterdessen hatte sich ein Haufen Handwerksbursche herzu gedrängt, den Offizier zurückgehalten, und seiner aus etwa 12 Mann bestehenden Wache die Gewehre abgenommen und mehrere Bürger, welche ihrem Beginnen Einhalt thun wollten mißhandelt. Andere hatten den Eingang zum zweiten Thorgewölbe aufgeschlagen und die Zugbrücke niedergelassen. Jetzt strömten auch durch dieses Thor die Hessen in die Stadt. Von beiden Seiten schwiegen die Kanonen und Mörser, die eine ganze Stunde lang gefeuert hatten.

Die Hessen, durch den hartnäckigen Widerstand der Franzosen und den Verlust an Kameraden auf's äußerste gereizt, drangen jetzt wüthend auf die Franzosen ein und gaben keinen Pardon und nur den eindringlichsten Bitten der mitleidigen Bürger ist die Verhütung eines größeren Blutbades zu danken. Ueberall suchte man die flüchtigen Franzosen der Rache der Sieger zu entreißen und mit eigener Lebensgefahr wurden sie von den Bürgern in ihre Häuser gerettet und dort verborgen gehalten. Die Franzosen drängten nach dem Gallusthor zu, denen die hessische Cavallerie, welche in geschlossenen Gliedern en carriere der Zeil hinab gesprengt war, nachsetzte und viele niedermachte. In allen Quartieren der Stadt, wie auch in Sachsenhausen wurden durch die Bürger viele Menschenleben gerettet. Einzelne Thätlichkeiten gegen französische Krieger von Seiten des Civilstands mögen vorgekommen sein; es waren indeß nur ganz vereinzelte Fälle. Auch die hessischen Offiziere thaten alles um die aufgebrachten Gemeinen vor zwecklosem Blutvergießen zurückzuhalten. An todten Franzosen wurden an diesem Tage 41 aufgefunden, die Verwundeten beliefen sich auf 154. Gefangen wurden etwa 1158 darunter van Helden selbst mit 65 Offizieren. Die leichte französische Reiterei, die Grenadier-Compagnie vom 82. Regiment und ungefähr 200 — 300 Mann, welche aus Sachsenhausen durch den Wald abzogen, konnten sich vor der Gefangenschaft retten. Die Hessen hatten gegen 200 Mann verloren. Von Offizieren sind folgende geblieben: Major von Donop, die Hauptleute von Wolff, von Münchhausen, de Clairs, Fähnbrich G. Hundeshagen; Schwer verwundet wurden Obrist Prinz von Hessen-Philippsthal und Lieutenant von Rabemacher (starben beide später an ihren Wunden); leicht verwundet wurden Obrist von Fuchs, Capitain von Hochorst und Lieutenant von Buttler. Den Gefallenen wurde im Anfang des nächsten Jahres vom König Friedrich Wilhelm II. von Preußen ein Denkmal gesetzt. (s. w. h.)

Ueber die gefallenen und nachträglich gestorbenen, auf der Bornheimer Haide begrabenen Franzosen gibt folgendes Schriftstück Kunde:

Abschrift:

„Auf erhaltenen Hochobrigkeitlichen Befehl, die Begräbniß der am Sonntag den 2 December 1792 auf den Stadtwällen, an den Thoren und in der Stadt todtgebliebenen Franzosen besorgen und selbige auf die Bornheimer Haide begraben zu lassen, welches gehorsamst befolgt habe; so berichte nunmehr, daß in allem bisher 60 Todte begraben worden, als nemlich:

Einer so im Lazaret als Kranker gestorben.	1
Vom Bockenheimer bis an das Friedberger Thor auf den Wällen gefundene, worunter auch die in der Stadt gefundene, wenige Todtgebliebene begriffen.	41
Von Bleßirten so hernach im Lazaret gestorben, nemlich aus dem Compostell, bis dato	4
Aus dem Lazaret im rothen Ochsen	13
Einer aus dem Krankenhaus vom Sommerlatt	1
In Summa	60

Bornheim den 10. December.

J. C. Rühl,
Schultheiß allda.

Vorstehende Abschrift ist nach fleißiger Collationirung mit dem Original, demselben vollkommen gleichlautend; welches wir auf Requisition hiemit von Amtswegen pflichtmäßig beurkunden.

Frankfurt a. M, den 15. December 1792.

(L. S.)   Johann Gerhard Jännicke,
Kaiserl. geschworner und dahier immatriculirter Notarius.

(L. S.)   Johann Friedrich Kappes,
Kaiserl. geschworner und dahier immatriculirter Notarius."

Eine Viertelstunde nach der Einnahme der Stadt zog der König von Preußen, der Herzog von Braunschweig und mehrere andere fürstliche Personen ein, welche von der Volksmenge jubelnd begrüßt wurden.

Custine war unterdessen zur Unterstützung mit seinen Truppen bis an die Galluswarte und bis Bockenheim vorgerückt. Ein französischer Offizier kam in Begleitung eines Trompeters vor das Thor und wurde mit verbundenen Augen zum Könige geführt. Am Nachmittag begab sich der König und die Generalität durch das Friedbergerthor hinaus zur übrigen Armee, welche von Bonames und Eschersheim den Franzosen entgegenrückte. Eine fürchterliche Kannonade trieb die Franzosen immer mehr zurück. Sie zogen sich bei Bockenheim vorbei, nach Rödelheim und dem Nibbaer Wäldchen. Der König — welcher überall dabei war und neben dem, wenige Schritte entfernt, der preußische General von Eben schwer verwundet wurde, verfolgte sie nicht weiter und zog gegen 5 Uhr Abends wieder in die Stadt ein. Die hessischen Garden und zwei preußische Regimenter wurden einquartirt.

Diese Thatsachen wurden alsbald von der französischen und der von den Mainzer Clubbisten beeinflußten deutschen Presse entstellt. Daniel Stamm, aide de camps des Generals Cüstine ließ in der Mainzer Nationalzeitung, Nro. 187 vom 6 December 1792, dem „ersten Jahre der deutschen Einheit" eine Darstellung der Begebenheiten vom 2. December, unter der Aufschrift: „Frankfurter Adventsfeier. Ein Gegenstück zur Bartholomäusnacht und zu den sicilianischen Vespern" veröffentlichen, worin er die Frankfurter beschuldigte, die Einwohner hätten die Vertheidiger der Freiheit mit allen Arten von Mordinstrumenten heimtückig überfallen, mit mörderischen Schlägen sie hingeworfen, die Pferde an ihren Kanonen erschlagen, die Räder an den Lafetten zertrümmert, aus den Fenstern auf sie geschossen und so in einen Haufen von 2000 Franzosen Verzweiflung gebracht. Gleicherweise meldeten „der Mainzer Bürgerfreund" (XIII. Stück v. 7. Dec. und der „Straßburger Kriegsbote" (Nro. XLI. v. 7. Dec.); ja es ging so weit, daß es hieß 10,000 Menschen seien plötzlich mit gleichförmigen Messern bewaffnet gewesen; und auf derartige Berichte basirte selbst der irrig berathene Cüstine seinen Bericht an den National-Convent, welcher in den Pariser Zeitungen abgedruckt, mit dem Ruf ausgeboten wurde: la feuille du soir, qui contient le rapport du général Custine de la prise de Francfort par les Prussiens et le massacre de 1200 Francois par les traîtres Francfortois et le grand couteau dont étoient armés 10,000 bourgeois!

Der Bericht Cüstine's vom 7. Dec. an den Präsidenten des National-Convents lautete:

„Bürger Präsident, ich kann dem N. C. die merkwürdige Verrätherei nicht verschweigen, welche Ursache an der Wiedereinnahme Frankfurts und dem Meuchelmorde unserer Waffenbrüder war; drei Hunderte von ihnen sind glorreich für die Sache der Freiheit fechtend, durch das Messer der Meuchelmörder gefallen.

Ich überschicke dem N. C. eines von den Messern, das ein Soldat überbrachte, der es einem dieser Nichtswürdigen aus den Händen gerissen und Gelegenheit gefunden hatte, dem schrecklichen Gemetzel in Frankfurt zu entkommen. Die Messer waren alle von der nämlichen Form; beinahe 10,000 Menschen waren damit bewaffnet; 150 Zimmerleute von Nassau (Hanau?) Unterthanen des Landgrafen, waren auf 2 Schiffen angekommen und sollten die Thore öffnen; und der Herr van Helden, Commandant von Frankfurt darf sagen, er habe nichts von ihrer Ankunft, und eben so wenig von der Austheilung der Messer gewußt! Der Commandant darf sich noch rühmen seine Schuldigkeit gethan, und Lob von seinen Feinden erhalten zu haben.

So war in 1½ Stunden eine Stadt erobert, deren Graben 12 Schuh tief Wasser haben, und 16 Toisen breit sind, weil der Commandant sich's nicht hat angelegen sein lassen, zu erfahren, was gegen seine Posten angezettelt wurde. Ich will gern glauben, daß das Volk mehr blind als boshaft war, und daß es, gewohnt sich unter das Joch der Oesterreicher zu beugen, sie für Riesen angesehen hat. Der König von Preußen hat die Bürger zu ihrem Lohn, entwaffnen lassen und verboten, daß keine drei beisammen auf der Straße stehen sollen.

Ich wage es, der Menschenliebe des N. C. und der Nation die Deputirten der Stadt Frankfurt zu empfehlen; ihre Freiheit und Sicherheit werden meine schönste Belohnung sein. Der 2. Dec. hat den Preußen und Hessen, nach der dem König am 3. Dec. übergebenen Liste, 4200 Mann gekostet. Wir haben ungefähr 300 unserer Brüder verloren, gefangen blieben in Frankfurt 1158 Mann, den Troß mitgerechnet. Unter ihnen sind viele Verwundete, nach der Aussage eines aide de camp des Königs von Preußen, den ich bei den Vorposten angetroffen habe; er hat mich versichert, daß man die größte Sorgfalt für sie habe. ꝛc."

Es ist leicht verständlich, daß diese verläumberischen Anschuldigungen den Frankfurter Abgesandten große Gefahr hätte bringen können, und in der That mußte ihnen zu ihrer Sicherheit eine Offizierswache beigegeben werden.

Der Vollziehungsrath faßte auf Cüstine's Bericht an den Minister der auswärtigen Angelegenheiten folgenden Beschluß*), den er dem Nationalconvent mittheilte:

„Da der Vollziehungsrath erwogen, daß der Magistrat und die Einwohner von Frankfurt a. M. in starkem Verdacht stehen, daß sie durch die abscheulichste Verrätherei den Feinden der französischen Republik den Eingang in die Stadt erleichtert und unsere braven Soldaten denselben preisgegeben haben, so hat er beschlossen: 1) daß die von der Stadt Frankfurt abgesandten Commissarien, die den Auftrag haben, um die Nachlassung der dieser Stadt von dem General Cüstine auferlegten Contribution bei dem National-Convent einzukommen, vorläufig zurückgehalten und in dem Hotel = garni, das sie zu Paris bewohnen, bewacht werden sollen. 2) Daß der Convent alsobald von der genommenen Maßregel benachrichtigt werden solle, um in seiner Weisheit zu überlegen, ob es nicht rathsam wäre sie als Geißeln zu behalten, bis der französischen Republik wegen der ihr von den Einwohnern von Frankfurt zugefügten abscheulichen Beleidigung eine hinreichende Genugthuung gegeben worden."

Von dem Frankfurter Magistrat wurde auch jetzt eine Belohnung von 24000 Livres dem zuerkannt, der die Beschuldigung eines Complottes gegen das Leben der französischen Besatzung und von deßhalb verfertigten oder ausgetheilten Messern auf die hiesige Bürgerschaft mit Wahrheit bringen würden. Das Aktenstück lautete:

„Einige auswärtige Zeitungsschreiber, welche sich bisher ein eigenes Geschäft daraus gemacht haben, die Reichsstadt Frankfurt bei der französischen Nation anzuschwärzen, und diese zu deren feindseligen Behandlungen aufzufordern, haben es ihrem Plan gemäß gefunden, nach der am 2. laufenden Monats durch die combinirte königlich preußisch= und hochfürstlich hessische Armee erfolgten Einnahme hiesiger Stadt, diese abermal auf das abscheulichste zu verläumden, und ihr neben andern vielen kundbarlich erdichteten Beschuldigungen aufzubürden, daß ein Complott von mehreren tausend

---

*) Frankfurter Kaiserl. Reichs-Ober-Post-Amts-Zeitung No. 200 vom 18. December 1792.

*) Frankfurter Staatsristretto vom Jahr 1792. Stück 195 und 197.

Bürgern zur Ermordung der französischen Garnison errichtet, mit 8 bis 10,000 zu dem Ende eigends verfertigten Messern und andern Mordgewehren bewaffnet, und von diesen sogenannten Banditen 2 Bataillons eins von Beauvoisis, und das andere von National-garbisten zu Grunde gerichtet worden seien.

Ob man nun zwar dergleichen schändliche Lügen auf ihrem notorischen Ungrund blos beruhen lassen könnte, bevorab da das wohlthätige, mit den angedichteten feindseligen Absichten unvereinbarliche Betragen der hiesigen Bürger, welches diese selbst bei und nach dem Vorfalle vom 2ten, und gegen die in die Kriegsgefangenschaft gerathenen französischen Soldaten, besonders aber gegen die Blessirten, auf deren eigenes gewissenhaftes Zeugniß man sich beruft, bezeugt haben, und so viel insonderheit die von dem angeblichen Complot zu Grunde gerichtet sein sollende zwei Bataillons betrifft, der durch eingezogene officielle Berichte constatirte Umstand, daß die Anzahl sämmtlicher in hiesiger Stadt bei deren Angriff und Einnahme getödteten französischen Soldaten mit Einschluß derjenigen, so seither an ihren Blessuren gestorben, überhaupt höher nicht als auf 59 Mann sich belaufe, jene boshafte Ausstreuung schon hinlänglich widerlegt hat; so findet man jedoch in Absicht des auswärtigen Publici, und damit dieses hiernach die Glaubenswürdigkeit der Berichte der Mainzer und anderer solcher aus trüben Quellen schöpfenden Zeitungsschreiber beurtheilen könne, nicht nur jene infame Calumnien öffentlich zu widersprechen für nöthig, sondern ist auch von der Unwahrheit der angeführten schändlichen Beschuldigungen von einem errichteten Mordcomplott, dessen Bewaffnung mit Messern und andern Mordgewehr, und der durch dasselbe geschehen sein sollenden zu Grundrichtung zwei französischer Bataillons sammt und sonders dermaßen vergewißert, daß ein Hoch=Edler Rath keinen Anstand findet, demjenigen, welcher glaubhafte Beweise davon beibringen würde, die Summe von 1000 Louisd'or oder 24000 Livres aus dem hiesigen Stadtärario hiermit zusichern zu lassen.

Frankfurt den 12. December 1792.

Stadt=Canzlei daselbst"

General van Helden selbst mit vielen seiner Offiziere widersprach nach ihren gedruckten Zeugnissen und nach einem Brief vom 12. Dec. an den Präsidenten des National-Convents dem verläumberischen Gerücht von einem Banditenhaufen und zwei Briefe der Stadt Frankfurt an den General Cüstine vom 9. Dec. und 12. Dec. führen schriftliche Beschwerde gegen die unerhörte Verläumbung und bringen auf Beweise der Rechtfertigung.

Das von dem Magistrat der Reichsstadt Frankfurt an den französischen General Cüstine erlassene Schreiben vom 9. Dec. lautet:

„Herr General!

Wir lesen mit Entsetzen in der Mainzer Zeitung vom 3ten dieses die Abscheulichkeiten, welche der Verfasser auf die Bürger hiesiger Stadt wälzt. Wir sind es unsern Mitbürgern, der Nachkommen=schaft und der französischen Nation schuldig, deren Inhalt zu wider=sprechen, und wir verhoffen hinlänglich von Ihrer Gerechtigkeit, Herr General, um uns gerade an Sie mit der Bitte zu wenden, an die französische Nation das Zeugniß der angestrengten Sorge der Obrigkeit und der Bürger dieser Stadt gelangen zu lassen, um die gute Ordnung und die Ruhe in der Stadt während der Zeit als die französischen Truppen sie besetzt hielten, zu erhalten. Sie haben es selbst erklärt, Herr General, in der Unterredung, welche Sie den 29. Nov. auf dem Rathhaus mit den Bürgermeistern gehabt haben; sie muß noch in Ihrem Andenken ruhen, ebenso als Ihr damaliges Geständniß, daß mit aller ersinnlichen Absicht es doch niemalen in der Macht der Verwalter stehe, in den traurigen Augenblicken eines Tumults alle einzelne Inwohner einer Stadt zurück zu halten. Wenn es wahr wäre, daß bei dem Ereigniß vom 2ten dieses einige Personen sich einige Gewaltthätigkeiten gegen einige Mitglieder der französischen Truppen erlaubt haben, so wäre es doch keine hinlängliche Ursache um eine ganze Gemeine deßhalb zu beschuldigen, deren Gemeingeist nach dem Betragen beurtheilt werden muß, welches der größte Theil der Einwohner in einer so delicaten Lage beibehalten hat. Um diese Thatsachen aber richtig zu beurtheilen, so wird es nöthig auf dasjenige zurück zu gehen, was vor jener Begebenheit vorhergegangen; und von demjenigen Besuch auszugehen, welchen Sie uns den 29ten auf dem Rathhaus ablegten, um uns die Versicherung zu geben, daß Sie in der Ge=sinnung stünden, wenn Sie sich, wie es Ihnen alle Umstände glaub=lich machten, in der Nothwendigkeit sehen sollten, mit der combi=

nirten Armee unter unseren Mauern handgemein zu werden, ihre
Maasregeln dergestalten zu nehmen, daß die Stadt dadurch keinen
Schaden nehmen sollte. Wir befleißigten uns auch alsobald unsern
Mitbürgern diese Versicherung in der Maße, wie wir es anfügen*),
bekannt zu machen, die in dem Bewußtsein des unschuldigsten Be=
nehmens sich äußerst beunruhigten, als sie die zween Armeen sich
nähern sahen, die sich gegenseitig den Besitz dieser Stadt mögten
streitig machen wollen. Wie groß muß denn dies Erstaunen der
Bürger und das unsrige gewesen sein, als wir am 2ten dieses
morgens früh, allbieweil die Bürger in aller Sicherheit sich in den
Kirchen, nach ihrem respektiven Gottesdienst, versammelt hatten, die
Kanonenkugeln und Haupitzen auf unsere Häuser fallen hörten.
Niemalen befand sich wohl eine Stadt in einer bedenklichern Lage,
und doch konnten alle Einwohner in einem so schreckenvollem Augen=
blick sich keinem andern Eindruck überlassen, als der Rückerinnerung
der von Ihnen erhaltenen Zusicherung. Daher kam es auch, daß einige
Ihren Commandanten ersucht haben, diese Stadt durch eine hart=
näckige Vertheidigung nicht noch unglücklicher zu machen; und daß wir
selbst geglaubt haben, dem General van Helden diesen Rath geben
zu sollen. Dies war ein Recht, das wir allerdings, ohngeachtet
der Behauptung des Mainzischen Zeitungsschreibers hatten, sowohl
nach Ihrem eigenen Versprechen, als auch nach dem Betragen,
welches wir während des Aufenthalts der französischen Truppen
niemalen ausgesetzt haben. Denn als wir Ihnen die Thore öffneten,
so sahen Sie, Herr General, nichts als friedliche Bürger, welche
sich beeiferten, von ihren Mauern alle Feindseligkeiten zu entfernen
und während als ihre Truppen bei uns waren, so haben sie keine
andere als die bereitesten Gesinnungen angetroffen, sie zu befriedigen.
Konnte daher was billiger sein, als daß Sie uns die Vortheile
einer Stadt genießen ließen, welche alle ihre Klugheit aufbot, sich
so zu betragen, daß die Kriegführende Theile keine Ursache sich
über sie zu beklagen haben mögten; und daß Sie, wenn die Noth=
wendigkeit, sich zu schlagen, eintrat, das Kriegsglück außerhalb der
Stadt versucht hätten, vorbehältlich je nachdem es abgelaufen wäre,

---

*) Diese angezogene Erklärung des Magistrats befindet sich S. 47 bereits
abgedruckt.

ohne Widerstand in die Stadt zurück zu kommen, oder aber geschehen zu lassen, daß der siegende Theil ohne Widerstand Besitz davon nähme. Dieses war unsere Erwartung, nach Ihrer Versicherung vom 29. Nov. belieben Sie also zu erwägen, auf welcher Seite das Recht wäre sich zu beklagen. Und die Bürger dieser Stadt will man nunmehr als Banditen aufstellen, ihnen will man die Massacre Ihrer Bataillons Schuld geben, da es doch eine kundige Sache ist, daß in diesem unglücklichen Augenblick, in welchem die hessischen Truppen sich der Rache der Sieger überließen, die Bürger deren viele selbst mit Gefahr ihres Lebens gerettet haben, daß der größte Theil unbeschädigt und gesund erhalten worden, und daß viele auch ihr Heil in der Flucht gefunden haben; und man will noch dem Gemeingeist dieser Stadt, die ihren vorzüglichen Ruhm in der Beibehaltung eines wohl eingerichteten Freiheitssinnes setzt, diejenige Exzesse zuschreiben, welche einige einzelne, die nicht einmal zu der Gemeine gerechnet werden können, begangen haben mögen, welche wir mißbilliget haben, und welche wir, so wie der gutgesinnte Bürger, der sich wohl erinnerte, daß er an diesen militärischen Operationen keinen Antheil zu nehmen habe, selbst beflissen gewesen, aufzuhalten.

Indem wir uns mit der Untersuchung gegen die kleine Zahl von Menschen beschäftigen, welche sich abscheuliche Gewaltthätigkeiten gegen ihre Soldaten erlaubt haben mögen; so glauben wir auch, Ihnen die tiefe Betrübniß an Tag legen zu können, welche uns der Inhalt einer Zeitung verursacht, die unter Ihren Augen geschrieben wird. Wir halten uns nach den Gesinnungen von Billigkeit und Menschheit, deren Sie uns oft versichert, befugt zu hoffen, daß Sie durch Ihr Stillschweigen diese unbillige und verläumberische Erzählung nicht werden gutheißen wollen. Es kann nicht in den edelmüthigen Gesinnungen eines französischen Generals liegen, das Unglück einer friedlichen Stadt vermehren zu wollen, indem er zugeben würde, daß ein lügnerischer Zeitungsschreiber eine ganze Nation gegen sie mit den nachtheiligsten Begriffen erfülle. Es würde gegen seine Biederkeit streiten, einer ganzen Gemeine die Fehltritte zuzuschreiben, welche einige unbedachtsame Leute begangen haben mögen, und die kleine Anzahl sträflicher Personen nicht von den längst bestimmten und bekannten Gesinnungen der guten und biedern Bürger dieser Stadt abzusondern. Auf diesen Unterschied glauben wir Sie, Herr General, aufmerksam machen zu sollen, und gewiß, wann Sie sich von all demjenigen unterrichten lassen wollen, was seitdem durch diesen klügern Theil unserer Gemeinde zu der Erleichterung der Verwundeten und Gefangenen Ihrer Truppen beigetragen worden, auf deren Zeugniß wir uns übrigens mit Zutrauen berufen können, so werden Sie Sich nicht entziehen können, uns eine lautsprechende Mißbilligung der von dem Mainzer Zeitungsschreiber gebrauchten Aeußerungen zu bewilligen, und die Achtung wieder herzustellen, welche die Bürger Frankfurts nie aufgehört haben, von der französischen Nation zu verdienen.

In dieser Erwartung, versichern wir Sie von den Gesinnungen der ausgezeichneten Hochachtung, mit der wir die Ehre haben zu sein etc.

Gegeben Frankfurt den 9. Dec. 1792.

Ihre gehorsamsten Diener
Der Bürgermeister und Rath der freien Reichsstadt
Frankfurt am Main
Philipp Karl Diehl
Senatssecretair."

Die von dem französischen General Cüstine eingesandte Antwort hierauf lautet:

„Im Hauptquartier zu Mainz den 10. Dec. 1792 im ersten Jahr der Republik.

Der Bürger, General en chef Cüstine, den Bürgermeistern und Magistratspersonen zu Frankfurt.

Meine Herrn!

Ihr Brief ist mir eben zugestellt worden. Ich will in eine umständliche Untersuchung des Gegenstandes mich nicht einlassen, welchen Sie berühren. Sie sind, sagen Sie, wirklich beschäftigt gegen die Urheber der Verbrecher eine Untersuchung anzustellen, welche am 2. Dec. begangen worden. Hieran erfüllen Sie Ihre erste Pflicht, und die Folge dieser wichtigen Untersuchung wird die Meinung von ganz Europa über Sie bestimmen.

Sie beklagen sich über einen Artikel der Zeitung, die in Mainz gedruckt wird. Ich habe weder das Blatt noch den Artikel selbst gelesen, von dem Sie sprechen. Sie können nicht zweifeln, wie ich glaube, daß ich andere Beschäftigungen habe, als mich auf irgend eine Art mit der Abfassung einer periodischen Schrift abzugeben. Es kann ihnen nicht unbekannt sein, daß ich nicht mehr Recht hier habe, die Preßfreiheit zu beschränken, als die Gesetze der Regierung in Frankreich gestatten. Niemand kann allda wegen der Bekanntmachung seiner Gedanken durch den Druck eingeschränkt werden, der gerichtliche Weg bleibt aber jedem offen, welcher sich verläumbet hält. Es wird nicht nöthig sein, die Folgen aus diesen Grundsätzen zu ziehen, die mein dermaliges Benehmen bestimmen; sie berechtigen und nöthigen mich zum Stillschweigen.

Uebrigens meine Herrn, bin ich weit entfernt zu denken, daß die sämmtlichen Einwohner Ihrer Stadt an jenen Greuelthaten Theil genommen haben, über welche Frankreich mit so vielem Recht aufgebracht ist, und ich weiß, daß in Frankfurt rechtschaffene Bürger sind, welche man Unrecht hätte, mit den Bösewichtern und Mördern vom 2. Dec. zu vermischen.

Der Bürger General en chef der Armeen der Republik
Cüstine."

Die Unwahrheit der Beschuldigungen geht aus folgenden Aktenstücken hervor:

„In Gemäßheit der von amplissimo senatu wegen etwa eintretender Annährung deutscher Truppen getroffener Vorkehrung, um die Ruhe und gute Ordnung unter hiesiger Bürger- und sonstiger Einwohnerschaft zu erhalten, begab ich mich am 2. dieses Morgens früh, als der Anfang mit Beschießung hiesiger Stadt gemacht worden zu dem Herrn Capitaine des mir angewiesenen Districts hiesiger Stadt, um demselben und den Herrn 28gern nochmals die bereits etliche Tage vorher anempfohlene Erhaltung guter Ordnung auf das Beste zu empfehlen, welches die gute Wirkung gehabt, daß ich wenigstens nicht einen einzigen Bürger angetroffen, welcher jener wohlgemeinten Verordnung zuwider gehandelt hätte, vielmehr muß ich denselben das Lob beilegen, daß ich hin und wieder, wo ich mich in dem Fall befand, für die einzelne in der Stadt herumgeirrte französischen Soldaten Pardon zu erflehen, auf das rechtschaffendste und theilnehmendste unterstützt worden bin. Auf diese Weise hatte ich das unschätzbare Glück, ohngefähr Zwölfen dieser Unglücklichen Rettung zu verschaffen, und um solche nebst andern mir in den Straßen aufgestoßene einzelne Soldaten keinen neuen Anfällen auszusetzen, bewirkte ich bei drei mir auf dem Roßmarkt begegneten Hessischen Herrn Offiziers so viel, daß selbige zur Sicherheit in der, denen französischen Truppen bisher zum Corps de garde gedienten Materns-Capelle auf dem gedachten Roßmarkt aufbewahrt werden durften. Ich durchritt hierauf die Hauptstraßen, um hin und wieder die Bürgerschaft zu ersuchen, die ihnen etwa vorkommenden Blessirten entweder zum nächsten Chirurgo, oder, wenn es die Umstände erlaubten, alsogleich in das inzwischen zubereitete Lazareth zu bringen, wo ich mich sogleich hinverfügte, und den daselbst verspürten Mangel an chirurgischer Bedienung und erforderliche Leinwand zum Verband abgeholfen sahe, indem des wohlregierenden ältern Herrn Bürgermeisters Hochwohlgeborenen, auf die hierüber gemachten Anzeige, die schleunigste Verfügung getroffen, sämmtlichen Chirurgis anzubefehlen, sich des Lazareths mit gesammten Kräften anzunehmen; die Leinwand wurde auch von der Bürgerschaft, sobald dieselbe hiervon prävenirt geworden, in solcher Quantität von allen Seiten eingeschickt, daß das Lazareth bis hierher damit versorgt werden konnte. Das benöthigte Holz zum Einheitzen des Lazareths und der Küche wurde aus hiesigem Stadt-Magazin geliefert, und durch die Beiträge hiesiger Bürgerschaft, auch den übrigen Bedürfnißen der Blessirten abgeholfen, und durch dergleichen weiters erhaltene reichliche Unterstützung sahe man sich für die folgenden Tage in Stand gesetzt, denen Blessirten auch mit neuen Hemden, Kappen, Strohsäcken, wollenen Decken, Bettpfannen und sonstigen zu mehrerer Bequemlichkeit gereichenden Geräthschaften auch außer der gewöhnlichen Verköstigung mit gutem Rheinwein, den die Bürgerschaft eingeschickt, zur Erquickung an Handen zu gehen. Die gefangene gesunde französische Soldaten wurden ebenfalls gehörig verköstigt; sie erhielten bis dato täglich 1½ Pfund Brod, ½ Pfund Fleisch und Suppe, einen Trunk Bier, und zum Frühstück ein Glas Brandewein; außerdem wurden sie aber auch noch zu einem großen Theil von hiesiger Bürgerschaft mit allerlei ihnen abgegangenen Kleidungsstücken, als Hemden, Hüten, Nachtmützen, Hals- und Schnupftüchern und sonstigen Sachen, auch viele noch besonders von den Bürgern, wo sie einquartirt gewesen, mit Geld, und zwar zum Theil recht reich beschenkt. Die Herrn Offiziere hatten ihre besondere Stube, aber keine ordentlichen Bettungen, weil es nicht möglich gewesen, dergleichen in so hinlänglicher Zahl, als erforderlich gewesen wäre, in der Geschwindigkeit herbeizuschaffen; dagegen aber wurden selbige mit Speisen und Trank hinreichend versorgt: sie bekamen ein ordentliches Frühstück, zu Mittag Suppe, Gemüß mit einer Beilage, Fleisch und Braten, Abends aber Salat und Braten, und des Tags auf die Person eine Bouteille Wein. Täglich besuchte ich bis hierher Morgens und Nachmittags die Herrn Offiziers, um mich zu erkundigen, ob sie auch alles in der Ordnung empfangen und über nichts zu klagen hätten; sie bezeigten sich aber jederzeit sehr zufrieden, rühmten die ihnen während ihres hiesigen Aufenthalts sowohl überhaupt, als insonderheit während ihrer Gefangenschaft erwiesenen Wohlthaten und hatten keinen andern Wunsch, als sich im Stande zu sehen, vor ihrem Abgang von hier dem Rath und Bürgerschaft ihren Dank persönlich an Tag legen zu können. Heute, als den 6., wurden die Herrn Offiziers von ihrer morgen früh geschehen sollenden Abführung von hier, Abends spät avertirt, und ihnen dadurch die gewünschte Gelegenheit einer persönlichen Danksagung entrückt; sie baten mich deswegen, die unter der Zahl 1. und 2. auf den Fall eines plötzlichen Abgangs von hier, schriftlich in Bereitschaft gehaltene Dankesversicherung Einem Hochedlen Rath zu überbringen, dessen ich mich gehorsamst entledige, und mit tiefschuldigstem Respekt beharre.

Frankfurt, den 6. December 1792.

Unterzeichnet

Johann Jacob Rothan".

1.

„Wir unterschriebene gefangene Offiziere, sowohl Linientruppen, als Nationalgarden, bekennen durch gegenwärtige Schrift, daß während unserer Gefangenschaft der hiesige Magistrat durch seinen Deputirten, Herrn Doctor Rothan, als auch die Herrn Mönche des hiesigen Karmeliter Klosters, in deren Kloster wir einquartirt waren, uns so wohl versorgt, daß derjenige, der klagen sollte, nicht den Namen als Mensch zu tragen verdiente. Wir wurden von ihrer Güte mit allem Möglichen bedient, Essen, Trinken wurde uns im Ueberfluß dargereicht, das Zimmer war sehr bequem, und ihre Gütigkeit reichte so weit, daß sie denjenigen, wo es brauchten, noch

Hemden, Strümpfe und Kappen darreichen ließen, sowohl uns als den gemeinen Gefangenen geschahe dieses und wir zusammen wünschen nichts mehr, als dieses wiederum vergelten zu können, was Sie uns so gut und freiwillig dargereicht haben. Geschrieben zu Frankfurt am vierten Tag unserer Gefangenschaft, und freiwillig von uns aufgesetzt und unterschrieben den 5. Dec. 1792.

Frintz; — Maquet; — Jon; — Brandhöfer; — Ader; — Muller; — Delloy; — Torquard; — Barbier; — Gouges, Offizier beim 82. Regiment."

2.

„Wir unterschriebene Offiziere und Gemeine der am Sonntag Morgens gefangen genommenen Franzosen bekennen freiwillig, daß dasjenige, was die Mainzer Zeitungen, wie auch sonstige von der Art unserer Gefangenschaft sagen, erlogen und gar nicht mit der Wahrheit der Sache übereinkömmt; der Bürger zu Frankfurt ist zu gut gesinnt, als Leuten übel zu begegnen, von denen er nie ein Uebel empfangen hat. Allein der Magistrat war nicht so ganz im Stand, dem Unfug zu steuern, wie er es wünschte, denn der hiesige Pöbel begienge, wie an jedem anderen Orte, Gesetzwidrigkeiten, die dem guten Namen hiesiger Bürger zum Nachtheil gereichten. Wir wären schlechte Leute, verdienten den Namen als Franzosen nicht, wenn wir uns nur selbst über die Behandlung unserer Gefangenschaft beklagen würden. Der Magistrat und hiesige Bürgerschaft beweiset uns täglich ihre Güte, durch sie erhält der Gefangene das Nothdürftige, wurden gut mit Essen versorget, selbst Kappen, Strümpfe, Hemden und dergleichen wurden unter sie vertheilt. Die Wahrheit der Sache erfordert, daß wir Gegenwärtiges bekannt machen; mehrere unserer Leute, die sich in Bürgershäuser flüchteten, blieben daselbst so lange bis sie zur Sicherheit der Einwohner bleiben konnten. Die Bürgerschaft flehte um Pardon für Jeden. Wir Unterschriebene bekennen solches, selbst für die schon fortgeführten Offiziere, wie auch die gemeinen Gefangene, und wünschen, daß solches überall bekannt gemacht werde. Geschrieben zu Frankfurt, ganz freiwillig und ungezwungen, am 9. Tag unserer Gefangenschaft, den 10. Dec. 1792.

Branthöfer, Sous=Lieutenant; — Ader, erster Lieutenant; — Masson aide, O. M., — Barbier, Lieutenant;

— Torquarb, Lieutenant; — Muller; — Giß; Jean Hering; — Jacob Sebastian; — Lang; — Roth; — Jund; — Gollier; — Barth; — Bernhardt; — Hamann; — Mengs; — Johannes Wolf; — Panzer; — Vecht; — Holzmann; — Götz; — Meder; — Michael; — Schröder; — Michel Barthel. —

Dieses ist zugleich auch in französischer Sprache abgefaßt, und wie dieses von dem 5. Bataillon des Unterrheins unterschrieben ist; so ist das französische von den drei übrigen hier eingefangene Bataillons auch unterschrieben, weil sie der deutschen Sprache unkundig sind.

Unterschrieben Frinz, O. M. F."

„An den General Cüstine.
Frankfurt den 11. December 1792.
Erstes Jahr der Frankenrepublik.

Bürger General!

Erkenntlichkeit und Pflicht erfordern es, daß wir dasjenige hiesiger Bürgerschaft ungerechter Weise aufgebürdete Verbrechen, als wären es zehntausend Banditen gewesen, die den französischen Soldat an jenem Sonntag zu ermorden suchten, und daß selbst Weiber mit siedendem Wasser sie beschütteten, um ihren gänzlichen Untergang noch vollends zu beschleunigen: wir widerrufen solches. Wir nehmen die Freiheit, Sie von der Wahrheit der Sache gründlich zu berichten. Der hiesige Magistrat gab sich alle nur mögliche Mühe dem Auflauf des hiesigen Pöbels zu steuern, der wie überall durch seine Gesetzwidrigkeit sich Ansehen zu verschaffen sucht; allein ihre Mühe und Arbeit war nicht gänzlich hinlänglich, der Zügellosigkeit jener widrigen Gattung von Leuten Einhalt zu thun, mehrere unser Mitkameraden blieben ihren Mißhandlungen ausgesetzt, und selbst einige wurden tödtlich von ihnen verwundet; endlich siegte doch der Muth hiesiger Magistratspersonen. Sie vertheilten die von zusammengelaufenen Handwerksburschen gesammelte Rotten, und baten selbst die schon in der Stadt eingedrungenen feindlichen Truppen um Pardon für die hin und her zerstreuten französischen

Soldaten, die ihnen auch willfahrt worden. Hier Bürger General ersehen Sie, daß Gegenwärtiges nicht mit jenem Mainzer Zeitungs= blatt übereinstimmt; unsere Ehre ist Bürge für die Wahrheit, und die Liebe hiesiger Bürgerschaft und schon empfangene Wohlthaten erforderten, daß wir Sie davon unterrichteten.

Wir sind mit Hochachtung Bürger=General, Ihre Mitbürger
Braubhöfer, Sous=Lieutenant; — Ader, erster Lieute= nant; — Muller, G. M.; Frinz, S. L. u. G. M."

„Nous soussignés, officiers français, prisonniers au Corps- de-garde de la place à Francfort, certifions avoir été parfai- tement traités et avoir éprouvés de la part des habitans de cette ville les marques les plus généreuses de la plus grande humanité, en nous forçant d'accepter tout ce qui pouvoit nous être nécessaire, nous leur en témoignerons en tout temps et dans toutes les circonstances notre reconnoissance.

A Francfort, le sixième jour de décembre 1792.

    Du Rosel, lieutenant-colonel; — Humbert, capi- taine; — Montfrand, capitaine; — Foyot, ca- pitaine; — Guérin; — H. Wagnicre; — Brandou; — Arnaud; — Artiguenaves; — Cardinet; — Paul, adjutant-mojor; — Matthieu Havel; — B. Jean, capitaine; — Marcelin; — Gauthier, lieute- nant; — Bavay, lieutenant; — Gouva, lieutenant; — Diemert; — Mouk; — Delanoy; — Göllner; — Mitier, capitaine; — Dupont."

„Lettre adressée à M. M. les magistrats et citoyens de la ville de Francfort sur le Mein, remise à M. le Bourgue- maître Mühl par la dame Marie Barbe, née Pissart, épouse d'un soldat francais, prisonnier de guerre.

    Francfort, du convent des Carmelites, ce 8. Dec. 1792.

Messieurs!

La reconnoissance que vous vous êtes si justement acquise par les soins, dont vous vous êtes empressés de nous rendre, en nous faisant goûter une capitivité moins dure, que celle que nous aurions éprouvée sans vos inapréciables bienfaits, mais encore la manière, avec laquelle vous vous êtes employée pour protéger nos jours dans le moment, où nos ennemis ne respiroient que la soif du carnage; les voeux de mes compagnons d'armée et les miens font de vous prouver que la nation française fait dans tous les temps témoigner tout ce qu'elle ressent envers les bienfaiteurs encore plus dignes d'estime, et que leur vertu font encore plus admirer. Oui, Messieurs, si notre reconnoissance, qui ne s'effacera jamais de nos coeurs, peut égaler vos bienfaits, nous vous prions de croire, que nous ne mourrons jamais ingrats. Voila des droits, qui vous resteront toujours à notre souvenir, ce qui nous fait vous supplier de vouloir bien nous croire avec des sentimens respectueux, M. M. vos très-humbles etc. etc.

(Signé) Lazare Guydon, sergent au 82. regiment d'infanterie; — Chastan, caporal-fourrier; — Michaux, sergent-major; — N. Pilot, fusilier; — Andazé, fusilier; — Rabby, fusilier; — Naclitain caporal; — Hilaire, caporal."

„Des gens mal instruits ou mal intentionnés, ayant debité contre cette ville, à l'égard de sa prise par les Prussiens et les Hessois, des calomnies aussi atroces que nuisibles à la réputation de ses habitans; la gazette de Mayence notamment ayant dit, que dix mille bandits francfortois avoient renouvellé la Sainte-Barthelemy, en tuant les Français à coups de couteaux, et que les femmes les avoient secondés en leurs versant de l'eau bouillante sur la tête; nous soussignés officiers et soldats reconnoissons tout cela comme des monsonges entièrement déstitués de fondement; certifions au contraire, que les bourgeois et habitans de Francfort se sont vivement empressés ce jour de contenir les désordres de la populace, en partie étrangère et compatriotes de nos ennemis; que lors de l'entrée de ceux-ci, plusieurs ont demandé pardon pour nous, d'autres nous ont reçu dans leurs maisons, où ils nous ont gardé jusqu'à ce que le calme fut entièrement rétabli. De cette manière, loin de concourir à notre perte, ils ont sauvé la vie à beaucoup d'entre nous. A Francfort, le 10. decembre 1792 et le neuvieme jour de notre prison.

(Signé) Müller; — Frintz S. L. & G. M.; — Acker, premier lieutenant; — signe † du capitaine Sansfaçon; — H. Jaquot; — signe † de Marché, fusilier; — P. Poisel; — H. Vaucard; — Joseph Marotel; — Caillat; — B. Thomassin; — François Gudon; — Nicolas Orelle; — Louis Therese; — Augustin Noël; — Ambroise Jeannot; — Grégoire Sarlaut; — Nicolas; — Liman; — N. Bertrand.

Volontaires et troupes de ligne des trois bataillons, Vôges, Saintonge et Haut-Saon.

Bayaud; — Sausboeuf; — le Blanc, caporal; — Bribour; — Blois; — Manduré; — Collon; — J. Arnoux, caporal; — J. Guerret; — C. G. Guyet, caporal; — Davrimvell; — Guilliot: — Garnier; — Drouillard; — Brunet; — Callnaud; — Collin; — J. F. Févé; — Lendormy, sergent; — Texier, sergent-major; — Menard, instructeur; — Louis; — Joachim, capitaine, — Huyon; — Beaulieux; — Grenard; — Fleury; — Floliot, sergent; — Ardiot; — Forge; — Gelin, capitaine-fourier; — Pichot, sergent-major; — La Forgue, sergent; — Brune, capitaine-fourier.

Ces signatures, toutes les trois bataillons des Vôges, Haut-Saone et Saintonge; il ya encore un exemplaire en allemand que le 5me bataillon du Bas-Rhin a signé, parce qu'il ne comprend pas la langue française."

Auch die jüdische Bevölkerung wurde beschuldigt die französischen Truppen mißhandelt zu haben. Der Senat sah sich dieserhalb zu folgender Erklärung*) veranlaßt.

„Nachdem in öffentlichen Blättern und sonst verschiedentlich die Nachricht verbreitet worden, als ob bei der am 2. verwichenen Monats erfolgten Occupation hiesiger Stadt durch die combinirte Armee, die hier in Garnison gelegenen französischen Truppen von hiesigen Juden mißhandelt worden seien, bei der obrigkeitlich verfügten Untersuchung der bey solcher Gelegenheit vorgegangenen Excesse aber sich bisher nichts hervorgethan hat, was diese Beschuldigung begründen könnte, so hat man solches der Wahrheit zur Steuer auf Begehren der gedachten Judenschaft hierdurch öffentlich bekannt zu machen sich verpflichtet erachtet.

Frankfurt den 10. Jan. 1793.

Stadt=Canzlei."

Noch lange Zeit erforderte es, bis diese Erdichtungen von dem großen Haufen in Frankreich auch wirklich als solche angesehen wurden. Zu Ende des Jahres 1793 glaubte der Senat die Bürgerschaft in Folgendem**) ermahnen zu müssen.

„So unwahrscheinlich es ist, daß die Feinde wieder über den Rhein herüber kommen werden, so wenig kann gleichwohl der Fall, daß nach zugefrornen Strömen ein ausstreifender Haufen einen unvermutheten Einfall versuchen könnte, für ganz unmöglich angesehen werden, und die Anwendung der nöthigen Vorsicht für überflüßig gehalten werden, um sich auch auf einen blos möglichen Fall in Zeiten vorzubereiten, sofort die zweckmäßigen Mittel anzuwenden, sich in Sicherheit gegen Besorgnisse zu setzen, welche bei dem wieder alles Verhoffen eintretenden Falle in hiesiger Stadt um so größer sein müssen, als bei dem großen Haufen des französischen Volks der von der Verläumbung verbreitete falsche Wahn, als ob am 2. Dec. v. J. von hiesiger Bürgerschaft ein Bataillon ihrer Truppen ermordet

---

*) Frankfurter Kais. Reichs-Ober-Post-Amts-Zeitung vom Jahr 1793. No. 7. vom 12. Januar.
**) Frankfurter Kais. Reichs-Ober-Post-Amts-Zeitung vom Jahr 1793. No. 201 vom 23. December.

worden seyen, bis dato noch nicht ganz ausgetilgt worden. In dieser Lage hat es Einem Hochedlen Rath zu einem besonderen Wohlgefallen gereichen müssen, daß vor einigen Tagen die hiesige bürgerliche Schützengesellschaft des Gallenwalls und andere aus der Bürgerschaft aus eigenem Antriebe ihre Bereitwilligkeit zur Vertheidigung hiesiger Stadt gegen einen solchen allenfallsigen Ueberfall freiwillig und sonder Schonung ihres eigenen Lebens muthvoll mitwirken zu wollen, schriftlich zu erkennen gegeben, und erstere das Erbieten, ihre Gesellschaft um 500 Mann zu vermehren angefügt hat.

In Hinsicht, wenn gegen alles Vermuthen unwahrscheinliche Fälle eintreten sollten, daß man vorbereitet seye, und man sich alsdann den Vorwurf einer Vernachläßigung nicht zu machen habe, ladet Ein Hochedler Rath alle hiesige Bürger und Einwohner, welche an der auf den unverhofften Fall nothwendig werdenden Vertheidigung ihrer Vaterstadt freiwillig Antheil nehmen wollen, hiedurch ein, daß ein jeder, welcher sich als Schütze, Artillerist, zu Pferde mit eigener Equipirung, oder zu Fuß dienen will, in Zeit acht Tagen sich in seinem Quartier einschreibe. Diejenige Bürger, welche sich dermalen freiwillig nicht einschreiben, sind im Fall einer Nothwehre, ihrer Verbindlichkeit nicht entlassen."

Ja selbst im Jahr 1796 glaubte man zur Sicherung der Stadt bei dem Wiedereinrücken der republikanischen Truppen einen besonderen Artikel (Art. IV.) in die Kapitulation aufnehmen zu müssen, worin es heißt, daß den Einwohnern ihr vorheriges Betragen weder geahndet, noch ihnen ein Vorwurf deßhalb gemacht werden solle. So gut dieser Artikel gemeint war, so erschien er andrerseits für Viele, als eine Bestätigung der früheren Gerüchte und Erzählungen von dem Verhalten der Frankfurter. Noch nach langen Jahren galt es bei französischen Befehlshabern als Thatsache, daß ein Bataillon von Beauvoisis und eines von Nationalgarden unter den Streichen der Bürger gefallen sei.

Die Heldenthat der tapferen Hessen ehrte der in Frankfurt anwesende König Friedrich Wilhelm II. von Preußen, welcher bis zum 22. März 1793 nebst den Kronprinzen, dem Prinzen Ludwig und dem Herzoge von Braunschweig im „rothen Hause" wohnte, durch das bekannte Denkmal, welches für die Gefallenen, vor dem Friedberger Thore errichtet wurde.

Auf einem Basalt=Felsen, dessen untere Fläche 27 Fuß im Durchmesser hat, ruht ein Würfel, dessen Flächen 9½ Fuß Höhe und Breite enthalten; in einer Einfassung von Bayreuthischem schwarzem geschliffenem Marmor sind an den vier Seitenflächen metallene 5½ Fuß hohe, eben so breite, einen Zoll dicke Tafeln angebracht, auf deren unpolirtem Grund in erhabenen und geschliffenen Buchstaben folgende Inschriften stehn:

1.)
MDCCLXXXXII.
am 2ten Dec.

2.)

Friedrich Wilhelm II. Koenig von Preussen
Den Edlen Hessen
Die
Jm Kampfe Für's Vaterland
Hier
Siegend Fielen.

3.)

Laborum Sociis
e Cattorum Legionibus
Trajecto ad Moenum
IIII Non. Dec. recepto
Decora Morte Occumbentibus
Poni Jussit
Virtutis, Constantiae, Testis, Mirator,
Fried. Wilh. II. Borussorum Rex
cIɔIɔcc Lxxxx III.

Die vierte Fläche enthält die Namen der Gefallenen.

Auf der Oberfläche des Würfels liegt der Sturmbock (Aries) der Alten; über ihm ist die Haut des Nemäischen Löwen ausgebreitet, welche mit herabhängendem colossalen Löwenkopf diese Oberfläche bedeckt. Schild und Helm, als die Sinnbilder der Vertheidigung, sind von der Keule des Herkules unterstützt und ruhen auf der Löwenhaut. Diese Gruppe sowie die Inschrifttafeln sind von französischen Kanonen und Haubitzen getrieben. Das Modell ist nach der Zeichnung des Hessen-Cassel'schen Bau-Inspectors Jusson von Bildhauer Ruhl aus Cassel verfertigt.

In Bezug auf dieses Denkmal erließ Frhr. v. Stein folgendes Schreiben:

„Die häufige Wohlthaten, welche so manche deutsche Krieger von den Einwohnern dieser Stadt empfingen, werden oft das dankbare Gefühl vieler Fremdlinge aus den entferntesten deutschen Provinzen erregen, und häufig werden die Nachkommen noch die thätige Liebe preißen, die man ihren kranken und verwundeten Vätern in Frankfurt erwies.

Keinen stärkern Beweis konnte die Bürgerschaft dieser Reichsstadt von ihrer treuen Anhänglichkeit an die vaterländische Verfassung geben, als diesen: auf keine ehrenvollere Art konnte sie ihre Hochachtung gegen die Streiter für's Vaterland an den Tag legen, als auf die, mit welcher jeder von ihr aufgenommen ward, der dem Tod muthvoll entgegen gegangen war, aber durch Krankheit oder Wunden seinem harten Schicksal unterlag.

Diese Gesinnungen sichern auch dem Denkmal, welches des Königs Majestät den tapfern Hessen errichten ließen, eine lange und unbeschädigte Erhaltung um so mehr, da die verehrte Namen derer, die mit ihrem Leben die Befreiung dieser Stadt vom Feinde erkiesen, jeden Einwohner zur Dankbarkeit auffordern, und die Erinnerung an eine glücklich abgewendete große Gefahr, ihr Andenken im Segen erhalten müssen.

Frankfurt vom 15. Febr. 1794.

        Freyh. vom Stein."

Auf die Begebenheiten des 2. Decembers selbst wurde eine Denkmünze geprägt, welche auf dem Avers das Bild der Stadt vom Untermaine aufgenommen, und die Umschrift„ Frankfurt am

Main wurde entrißen den Franzosen am 2. Dec. 1792" und auf dem Revers einen Kopf mit der Umschrift: "Wilhelm IX der Hessen tapferer Führer" zeigt. Außerdem noch zwei kleinere Denkmünzen.

Die Eroberung Frankfurts durch die Deutschen versetzte die Clubbisten in Mainz in großen Schrecken; doch trugen sie sich mit der Hoffnung Frankfurt wiederzuerobern, an den Einwohnern Rache zu nehmen und die Stadt zu zerstören, wie denn auch Georg Forster von Mainz seinen Freund H u b e r in Frankfurt brieflich (durch Brief v. 23. Dec.) ermahnte, sich reisefertig zu machen, um der Rache der Franzosen zu entgehen. In Mainz wurde am 11. December ein feierliches Todtenamt "für die zu Frankfurt gebliebenen Brüder" abgehalten, wozu die Einwohner der Stadt durch ein gedrucktes Blatt eingeladen wurden.

Das Jahr verging in Vorbereitungen zum weiteren Vorrücken der deutschen Armeen. Schon am 6. Januar 1793 brachen 3000 Preußen unter dem Könige Friedrich Wilhelm II. von Preußen selbst, sowie die hessischen Füsselier-Bataillone unter dem Obersten Lentz in Hochheim ein, erstürmten diesen Ort, nahmen 200 Mann Franzosen gefangen und erbeuteten 12 Kanonen und viele Munitionswagen, welche unter Vorausreitung von 12 blasenden Trompetern in Frankfurt eingebracht wurden.*)

Die Frankfurter Deputirten in Paris erhielten endlich am 22. Januar die Erlaubniß die Stadt zu verlassen und trafen am 31. zur allgemeinen Freude der Bürgerschaft wieder in Frankfurt ein.

Die folgenden Kriegsereignisse berührten Frankfurt nur im Allgemeinen. Die französische Besatzung der nahen Bergfestung Königstein kapitulirte am 8. März 1793, nach einer dreimonatlichen Belagerung. Vierzehn Kanonen fielen in die Hände der Sieger und 14 Offiziere und 491 Gemeine wurden zu Kriegsgefangenen gemacht und durch Frankfurt nach Hanau abgeführt.

Die Deutschen suchten jetzt den Mittelrhein zu säubern. Die Franzosen standen bei Kreuznach mit 15000 Mann. Neuvinger stand bei Waldalgesheim und Stromberg. Der preußische Oberst

---

*) P. J. Döring. "Vierzig Jahre von Frankfurt etc." L. S. 79.

Szekuli trieb mit 800 Mann am 16. März die Vorhut zurück. Als der Prinz von Hohenlohe mit stärkerer Macht heranrückte, kam es in den Tagen vom 25.—27. März zu heftigen Gefechten, wobei Neuvinger verwundet und gefangen wurde. (Am 1. April wurde er mit 142 anderen Kriegsgefangenen durch Frankfurt gebracht.) Am 27. verließen die Franzosen Kreuznach und räumten am 29. Bingen, das andern Morgens 5 Uhr durch die Preußen besetzt wurde. Houchard räumte Alzey und unter fortwährenden Kämpfen und Siegen jagten die Preußen die Franzosen bis Worms,*) in welcher Stadt sie am Ostermontag einzogen. Cüstine hatte am 28. März das Obercommando von Mainz dem General d'Oyre (einem alten Herrn, der schon im 7jährigen und im amerikanischen Kriege gedient hatte) übertragen und war nach Frankreich gegangen.**) Anfangs April rückten die Deutschen unter dem Oberbefehl des preußischen Generallieutenant von Schönfeld gegen Mainz. Am 13. April sandten sie einen Trompeter behufs Uebergabe in die Festung. Am 14. begann die Belagerung, die mit der Unterzeichnung der Capitulation am 22. Juli und dem Abzug der Franzosen am 24. Juli endete.

Während des Jahres 1793 wurden zahlreiche Transporte von gefangenen Franzosen in und durch die Stadt gebracht. So am 9. Juli 138 Gemeine und 5 Offiziere, die bei Kostheim gefangen genommen waren; sie wurden im Rahmhof-Zeughaus untergebracht: Am 26. Sept. kamen ungefähr 800 Mann, in den Tagen vom 8.—20. October 580 Offiziere und 10730 Gemeine aus den Niederlanden gefangen hier durch, welche nach Ungarn gebracht wurden.

---

*) Bei Alsheim wurden mehrere Clubbisten gefangen, welche nach Frankreich flüchten wollten. Unter ihnen Blau, Arensberg, Scheuer, Köhler, Staudinger, u. A., die von darmstädtischen Soldaten durch Frankfurt nach Königstein gebracht und dort in Gefangenschaft gehalten wurden.

**) Wie Cüstine von den Mainzer Clubbisten überschätzt und in wahnsinniger Weise verherrlicht wurde, geht aus folgenden Strophen hervor:

Au Generalissimi, Citoien.
Cartage en Annibal, eut un chéf héroique,
Rome eut dans Fabius, un guérier Politique,
Washington surpassa, ces deux chefs à la fois,
Et en Custine içi, nous les voIons tous trois.

Auf die Nachricht vom Vorgehen der Deutschen war der Kurfürst von Mainz, welcher den Winter in Eichsfeld zugebracht hatte, am 2. April von Erfurt nach Frankfurt geeilt, wo er am 5. April von vielen Hunderten seiner Ausgewanderten oder vertriebenen Unterthanen mit Jubel in seinem Absteigequartier im „Römischen Kaiser" empfangen wurde.

Zu verschiedenen Malen am 9. Juni und am 30. September war der König Friedrich Wilhelm II. von Preußen wieder nach Frankfurt gekommen, wo er kürzere oder längere Zeit verweilte. Im Anfang des Monats October begab sich der König nach Berlin zurück und bald darauf, erhielt der Senat aus dem königlichen Kabinette eine Zuschrift für die gute Aufnahme, welche die Stadt Frankfurt den im Felde stehenden Truppen angedeihen ließ; sie wurde vom Senate am 23. December 1793 veröffentlicht und lautet:

„Des Königs unsers allergnädigsten Herrn Majestät haben mit besonderem Vergnügen vernommen, daß die Einwohner der dortigen Reichsstadt auf eine ausgezeichnete, edle und menschenfreundliche Art bemüht sind die im Felde stehenden königliche Truppen durch ansehliche freiwillige Beiträge zu unterstützen. Wir sind ausdrücklich befehligt den Herren und der dortigen Bürgerschaft im Namen S! Majestät zu bezeugen: daß Höchstdieselben diese thätige Beweise ihrer guten und reichspatriotischen Gesinnungen mit der größten Danknehmigkeit erkennen und in immerwährendem gnädigen Andenken behalten, auch sich ein Vergnügen machen werden, den Herren und den dortigen wohlgesinnten Einwohnern in vorkommenden Fällen überzeugende Merkmale ihres Schutzes und ihres gnädigen Wohlwollens zu geben. Indem wir uns hiedurch des uns gewordenen höchsten Auftrags gegen die Herren entledigen, ersuchen wir dieselben annoch dienstlich die in dem gegenwärtigen Schreiben ausgedrückten Gesinnungen Er. k. Majestät zur Kenntniß der dasigen guten Bürgerschaft zu bringen und verbleiben dagegen denen selben zur Erweisung angenehmer Gefälligkeiten stets bereit. Königl. preuß. verordnete wirkliche Geheime Etatsräthe (gez.) Haugwitz Alvensleben".